O DESVENDAR DA CONSCIÊNCIA

UMA TRANSFORMAÇÃO FUNDAMENTAL PARA SUA FELICIDADE

J. C. FARIA

O DESVENDAR DA CONSCIÊNCIA

UMA TRANSFORMAÇÃO FUNDAMENTAL PARA SUA FELICIDADE

© 2017, Madras Editora Ltda.

Editor:
Wagner Veneziani Costa

Produção e Capa:
Equipe Técnica Madras

Revisão:
Arlete Genari
Silvia Massimini Felix

Dados Internacionais de Catalogação na Publicação (CIP)
(Câmara Brasileira do Livro, SP, Brasil)

Faria, João Cesar
O desvendar da consciência : uma transformação fundamental para sua felicidade / J. C. Faria. -- São Paulo : Madras, 2017.

ISBN: 978-85-370-1091-4

1. Autoajuda - Técnicas 2. Crescimento pessoal 3. Consciência - Aspectos psicológicos 4. Existência humana 5. Felicidade 6. Poder da mente I. Título.

17-07451   CDD-158.1

Índices para catálogo sistemático:
1. Felicidade e formação de consciência : Psicologia aplicada 158.1
2. Formação de consciência e felicidade : Psicologia aplicada 158.1

É proibida a reprodução total ou parcial desta obra, de qualquer forma ou por qualquer meio eletrônico, mecânico, inclusive por meio de processos xerográficos, incluindo ainda o uso da internet, sem a permissão expressa da Madras Editora, na pessoa de seu editor (Lei nº 9.610, de 19/2/1998).

Todos os direitos desta edição reservados pela

MADRAS EDITORA LTDA.
Rua Paulo Gonçalves, 88 – Santana
CEP: 02403-020 – São Paulo/SP
Caixa Postal: 12183 – CEP: 02013-970
Tel.: (11) 2281-5555 – Fax: (11) 2959-3090
www.madras.com.br

ÍNDICE

PREFÁCIO 11
A EXPECTATIVA DE O DESVENDAR DA CONSCIÊNCIA 17
1. A FELICIDADE E O SOFRIMENTO 19
    A FELICIDADE 21
    O SOFRIMENTO 22
    ENCONTRE SEU CAMINHO 23
    A INFLUÊNCIA DA RELIGIÃO 25

2. AS MISÉRIAS, AS DOENÇAS E OS CONFLITOS 27
    NOSSO MUNDO REAL 28
    AS MISÉRIAS 30
    AS DOENÇAS 32
    OS CONFLITOS 34

3. O PODER DA MENTE E COMO USÁ-LO 37
    A MENTE CONSCIENTE E SUAS LEIS 37
    A MENTE SUBCONSCIENTE E SUAS LEIS 39
    COMO FUNCIONA O CONJUNTO DA MENTE 40
    COMO PODEMOS CONTROLAR O MEDO? 43
    COMO PODEMOS NOS LIBERTAR DOS HÁBITOS NOCIVOS? 45
    ESTÁGIOS DE CONSCIÊNCIA 47
    COMO A MENTE É IMPORTANTE NA VIDA! 49

TEMOS QUE FAZER A NOSSA PARTE 51
PLANEJAMENTO DE VIDA 53

4. HOLISMO E SAÚDE, A CURA PELO PODER DA MENTE 55
OS EFEITOS E OS SINTOMAS DO ESTRESSE 57
COMO DIZER NÃO À DEPRESSÃO 58
MINHA EXPERIÊNCIA 59
A MENTE SUBCONSCIENTE EM AÇÃO...
A "MENSAGEM AFIRMATIVA" 61
A "MENSAGEM ILUSTRADA" 66
A "MENSAGEM DE PRECE" NA CURA 68
A INFLUÊNCIA POSITIVA DA RELIGIÃO 70
MENTE E CORPO – UM SÓ ORGANISMO 71

5. NÃO BASTA VIVER... TAMBÉM É PRECISO SONHAR 73
O PATAMAR GENÉTICO DA FELICIDADE...
COMO ULTRAPASSÁ-LO? 73
O QUE PODE IMPEDIR A REALIZAÇÃO DO QUE SE PRETENDE? 75
ENCONTRANDO A FELICIDADE COM A "MENSAGEM ILUSTRADA" . 76
BUSCANDO A FELICIDADE COM A "MENSAGEM AFIRMATIVA" 78
OUTROS SUCESSOS INDIVIDUAIS NA BUSCA DA FELICIDADE 80
A SITUAÇÃO FINANCEIRA 80
O SUCESSO 81
A FAMÍLIA 82
O LADO PROFISSIONAL 84
A FELICIDADE PLENA 86

6. CONTROLANDO TENSÕES E PENSAMENTOS INDESEJÁVEIS 89
A RAIVA, O ÓDIO E O RESSENTIMENTO 91
O EGOÍSMO E A INVEJA 93
A ANSIEDADE, AS PREOCUPAÇÕES E OS MEDOS 94
OS VÍCIOS 95
A MORTE 95

7. DESENVOLVIMENTO DE SENTIMENTOS POSITIVOS 97
A ÉTICA E A MORAL 97
O AMOR E A COMPAIXÃO 98

A PAZ E A HARMONIA...99
A TOLERÂNCIA E O PERDÃO..100
O SUCESSO E A PROSPERIDADE..102
A ALEGRIA E A FELICIDADE..102

8. PERCEPÇÃO EXTRASSENSORIAL..105
A INTUIÇÃO..106
CONVERSE COM SEU BEBÊ..108
A CLARIVIDÊNCIA E A CLARIAUDIÊNCIA......................................108
A TELEPATIA, A PRECOGNIÇÃO E A RETROCOGNIÇÃO..................110
EXPERIÊNCIA FORA DO CORPO: VIAGEM EXTRASSENSORIAL......112
O PODER DO PENSAMENTO E A FELICIDADE...............................114

9. A MUDANÇA DE PARADIGMAS..117
AS CRISES E AS MUDANÇAS...117
OS PARADIGMAS DE HOJE..118
A NOVA EVOLUÇÃO: O DESVENDAR DA CONSCIÊNCIA..................120
A SUBSTITUIÇÃO PRÓXIMA DOS PARADIGMAS ATUAIS...............121

10. O DESVENDAR DAS CONSCIÊNCIAS INDIVIDUAL E COLETIVA.....125
O SUPERORGANISMO..125
A TRANSFORMAÇÃO DE NOSSA IDENTIDADE................................127
A EVOLUÇÃO INDIVIDUAL DA CONSCIÊNCIA..................................128
A AMPLIAÇÃO DA VISÃO COLETIVA...130

11. A SOCIEDADE SINÉRGICA..133
A FORMAÇÃO DA SOCIEDADE SINÉRGICA....................................134
O PLANETA TERRA E A SOCIEDADE SINÉRGICA...........................135
SINCRONICIDADE OU COINCIDÊNCIA?...136
A INTER-RELAÇÃO ENTRE AS MENTES (E ENTRE OS HOMENS)..138
COMO É IMPORTANTE PERDOAR!..140
OS HÁBITOS..141

12. UMA JORNADA ALÉM DO TEMPO...143
HOJE: O MUNDO REAL EM QUE VIVEMOS...................................143
O "DESVENDAR DA CONSCIÊNCIA"...
COMO SEREMOS AMANHÃ..146

"QUE O JOVEM NÃO ESPERE PARA FILOSOFAR, NEM O VELHO DE FILOSOFAR SE CANSE. NINGUÉM, COM EFEITO, É AINDA IMATURO OU JÁ ESTÁ DEMASIADO MADURO PARA CUIDAR DA SAÚDE DA ALMA. QUEM DIZ NÃO TER AINDA CHEGADO SUA HORA DE FILOSOFAR OU JÁ TER ELA PASSADO, FALA COMO QUEM DIZ NÃO TER AINDA CHEGADO OU JÁ TER PASSADO A HORA DE SER FELIZ."

EPICURO, FILÓSOFO GREGO, 341 A 270 A. C.

PREFÁCIO

Durante numerosas viagens profissionais que realizei ao longo dos últimos 40 anos, tive a oportunidade de voar por quase todos os recantos do mundo. Quando olhava para baixo e observava as montanhas grandiosas, os oceanos sem fim, as imensas florestas e os ondulantes desertos, era tomado por uma profunda consciência do valor de cada ser humano, no contexto da humanidade.

São muitas e bem diversas as origens, culturas, pensamentos, reações, idiomas e tipos de vida destes mais de 7 bilhões de seres humanos que habitam o planeta Terra. São inúmeros os conceitos de felicidade e as consciências a respeito de tudo que nos cerca.

E foi por meio dessa ampla e verdadeira pesquisa humana que a vida me proporcionou realizar e que o fiz sempre com vistas à transformação de minha visão do mundo, que passei a considerar a possibilidade de, um dia, escrever um livro que me permitisse compartilhar com outros seres humanos as experiências, as vivências e os desenvolvimentos tão diversificados e úteis para alcançar a felicidade.

Também foram muitas as oportunidades que tive de discutir longamente e trocar pontos de vista com representantes dos mais variados segmentos de todas essas sociedades sobre a teoria e a prática das transformações sociais e do uso da mente humana, sobre terapias físico-químicas e psicológicas e, ainda, sobre os temas que envolvem a ciência, a consciência e o desenvolvimento histórico das religiões.

Foram discussões com importantes cientistas e professores universitários de nossa época, diálogos amplos e profundos com pastores religiosos, autoridades eclesiásticas e monges orientais, debates com políticos e líderes do mundo, reuniões sociais com membros importantes e ativos de todas essas sociedades, contatos com existencialistas, *hippies* e artistas, extensas conversações com pensadores e filósofos, e convivência empresarial com trabalhadores da indústria e do comércio. Foi assim que aprendi a conviver e a buscar entender a cultura, o modo de vida e a estrutura social dos habitantes desses mais de cem países que repetidamente visitei.

As ocasiões naturais de longos percursos aéreos, de escalas prolongadas de voos, de intervalos de tempo numerosos e extensos, e de finais de semana que as situações de viagens me forçaram a vivenciar solitário, proporcionaram também um tempo extra para a leitura permanente de variados e diferentes autores.

É verdade que minha formação em engenharia e administração de empresas, complementada com cursos de especialização no Brasil e nos Estados Unidos da América, com o desempenho de minhas funções profissionais em inúmeras organizações, com a participação em seminários diversos e serviços de consultoria empresarial prestados a numerosas entidades públicas e privadas em diferentes países, ajudou a ordenar meu pensamento e, de certa forma até, otimizou a decisão de produzir este trabalho que agora me dispus a realizar.

Não faço neste livro apenas um sumário descritivo do que penso a respeito do tema. Muito ao contrário, procuro nele sumarizar consciências e pensamentos evolutivos que, cada vez mais, se difundem em todo o planeta e não somente no Oriente, como se poderia pensar. E na extensa experiência de contatos com homens e mulheres notáveis do mundo, coloco também minha própria contribuição ao estabelecer os elos entre as tantas ideias, e as tradições científicas e filosóficas envolvidas, com o que proporciono ao leitor um apanhado didático, racional e prático das conclusões que toda essa vasta e diversa escola de pensamento e do desenvolvimento da mente humana me proporcionou.

Com *O Desvendar da Consciência*, apresento um conceito até certo ponto inovador de otimização do uso da mente, e de exploração dos cerca de 95% de nosso subconsciente que ainda permanecem desconhecidos para muitos seres humanos.

Nos capítulos iniciais, busco uniformizar conceitos de felicidade e sofrimento, assim como apresento noções de três aspectos fundamentais que dificultam o bem-estar da humanidade: as misérias, as doenças e os conflitos. Em seguida, focalizo os paradigmas que compõem nossas crenças e a formação das consciências individual e coletiva. Esses são os fundamentos imprescindíveis para o entendimento amplo da matéria, para o convencimento das verdades expostas e para que o conteúdo principal deste livro possa ser bem utilizado.

Nos capítulos seguintes, apresento proposta consistente e bastante objetiva de utilização de práticas que têm produzido extraordinários resultados e que, seguramente, significam uma alternativa importantíssima para melhorar o bem-estar dos seres humanos, tornando-os muito mais felizes. E, concluindo, faço uma breve avaliação das percepções extrassensoriais e oriento uma projeção dirigida ao nosso mundo futuro.

O Autor

"NÃO EXISTE EXÉRCITO QUE RESISTA À FORÇA DE UMA IDEIA QUANDO SEU TEMPO CERTO TIVER CHEGADO."

VICTOR HUGO

INTRODUÇÃO

A EXPECTATIVA DE O DESVENDAR DA CONSCIÊNCIA...

Como podemos proporcionar a nós mesmos " uma transformação fundamental para a felicidade "

O Desvendar da Consciência pode operar em cada um de nós uma real transformação de vida, permitindo-nos alcançar um estado superior de felicidade em nossas existências. Isso só depende de nós...

Com a leitura desta obra estarão sendo produzidos efeitos importantíssimos, gerados por forças e fenômenos desconhecidos de nossos sentidos.

Tudo que nos é proporcionado pela televisão ou pela internet também é baseado em princípios que nossos sentidos não detectam, mas sua utilização é possível porque já adquirimos o conhecimento de como operam.

Da mesma forma, as forças e os fenômenos que comandam nossa vida são desconhecidos de nossos sentidos; são consequências da ação de nossa mente. Se conhecermos como esta opera, estaremos aptos a fazer uso de nosso imenso poder e de todos os benefícios dele advindos.

A leitura deste livro contribuirá para desvendarmos a imensa possibilidade de reconstruir nossa vida de maneira positiva, com mais saúde, mais harmonia, mais amor, mais prosperidade, enfim, com mais felicidade. Aprenderemos como usar o extraordinário poder que há dentro de nós e, também, tomaremos conhecimento de inúmeros exemplos de sucesso, tanto na cura de doenças consideradas quase incuráveis como na superação de problemas pessoais e profissionais, antes tidos como insuperáveis, assim como da conquista da felicidade. Os exemplos foram extraídos da vida de pessoas como nós que, com o uso adequado da mente, conseguiram realizar coisas magníficas, com resultados excepcionais.

Veremos que para cada dificuldade há sempre uma solução. E, certamente, você encontrará neste livro as soluções para suas dificuldades e para as realizações de seus desejos.

Nossa mente é parte de um conjunto universal que inclui também a sabedoria infinita de Deus e, portanto, pode realizar tudo aquilo que desejarmos, desde que saibamos como agir adequadamente. Se soubermos controlar nossos pensamentos, bem como expurgar nossos medos e vícios, preocupações e sentimentos venenosos como o ódio, o egoísmo e a inveja, nossa vida será, sem dúvida, muito mais livre e voltada para o amor, a compaixão, a tolerância, o respeito pelo próximo, a harmonia e a paz.

Estamos entrando em uma nova aventura mental que nos conduzirá a um futuro repleto de coisas boas. Sigamos esse novo caminho, em busca do alvorecer pleno e feliz, que *O Desvendar da Consciência* pode proporcionar.

CAPÍTULO 1

A FELICIDADE E O SOFRIMENTO

A razão de ser de nossa vida é, sem dúvida, a busca permanente da felicidade, que se constitui em um estado de espírito inerente a cada um de nós. Mediante nossa evolução individual e o uso correto do poder infinito de nossa mente, poderemos alcançar tal objetivo, pois não dependemos de fatores externos para simplesmente ser felizes.

É claro, porém, que a felicidade mais ampla, mais pura, quase perfeita, dependerá de uma coletividade mais consciente, que não nos obrigue ao convívio forçado com um alto grau de imperfeição de determinados seres humanos, o que infelizmente ainda observamos em nossos dias, nem nos exponha a constrangimentos sensíveis e, às vezes, extremamente chocantes.

Ninguém, em nenhum lugar do planeta, pode se sentir inteiramente feliz vendo cenas, pelos diversos meios de divulgação da mídia, como o inaceitável ataque terrorista de 11 de setembro de 2001, a Nova York e Washington. De fato o desequilíbrio mental, mesmo que de uns poucos, pode afetar de maneira importante o bem-estar de toda a humanidade.

Isso é mais verdade atualmente, quando o desvendar da consciência dos homens começa a se tornar uma realidade mais difundida, quando a Terra se aproxima mais e mais de uma estrutura única, global e totalmente interdependente. O sofrimento, direto ou indireto, não condiz com a felicidade plena nem se harmoniza com uma vida evoluída de sentimentos positivos, que deveremos sempre perseguir.

Precisamos treinar nossa mente de maneira constante e ininterrupta ao longo da vida, não nos esquecendo de que somos parte de um superorganismo constituído por tudo o que existe na face do planeta, porque se uma dessas partes que o constituem estiver doente ou fragilizada, o organismo como um todo sentirá seus efeitos.

Com relação à felicidade, acontece a mesma coisa que ocorria quando ainda não havia sido descoberto o microscópio e micro-organismos contaminavam os seres humanos que não podiam se defender daquilo que não conheciam. Hoje, porém, tais micro-organismos são conhecidos e sabemos quais medidas de higiene diária devemos adotar para evitar seus efeitos maléficos. E quem, eventualmente, se descuidar de tais medidas estará expondo todos os membros de sua comunidade ao risco de uma epidemia que seu descuido venha originar.

Essa integração humana que cada vez mais adensa nesse único ser planetário que constituímos pode até mesmo, em tese, ser medida. Se em meados do século XIX tivéssemos medido a quantidade de ondas eletromagnéticas em torno da Terra, constataríamos apenas as radiações naturais de outros astros celestes, sobretudo o Sol, e as descargas da natureza, que constituem os raios esparsos e aleatórios que descem do firmamento em direção à Terra. Naturalmente, se naquela época existissem equipamentos mais sensíveis, poderíamos acrescentar também as ondas eletromagnéticas emitidas pelas mentes humanas de então. Hoje, cerca de um século e meio depois, são incomensuráveis os tipos de sinais de comunicação que enchem nossa atmosfera. São emissões de radio, televisão, satélites, numerosos sistemas de telefonia, comandos remotos de muitíssimos modelos, raios laser, infravermelho e ultravioleta produzidos pelo homem, além das mesmas radiações recebidas de outros astros, das descargas atmosféricas e dos mais de 7 bilhões de seres humanos que emitem seus próprios sinais por intermédio da mente.

Tal evolução, que é nítida para todos nós, torna agora ainda mais evidente a existência desse superorganismo do qual somos parte e no qual Deus se integra como o Ser Onipresente. Afinal, do interior da Amazônia, podemos hoje nos comunicar com um japonês habitante de Tóquio, e o tempo requerido para isso é praticamente o mesmo de que nosso cérebro necessita para comandar os movimentos de nossos dedos. Somos como neurônios desse superorganismo.

A FELICIDADE

Ao meditarmos a respeito da felicidade, sentimos claramente que ela é um estado de espírito que envolve ao mesmo tempo a mente e o coração. A felicidade é decorrente dos sentimentos que temos e, consequentemente, da forma como percebemos e encaramos a vida e os problemas que vivemos. A sensação de felicidade tem, pois, menos relação com fatores externos do que com nossa sensibilidade, que é essencial.

É claro que certos elementos externos exercem influência e até mesmo testam nosso equilíbrio emocional e mental. Um exemplo disso são as pessoas que passam por uma imensa emoção positiva, como ganhar um prêmio vultoso na loteria, e veem sua vida ser completamente modificada no que diz respeito aos bens materiais, mas, curiosamente, depois de algum tempo, a sensação de felicidade volta praticamente ao mesmo patamar em que se encontrava antes da premiação. Com o tempo, a situação mental de euforia pela vitória ou sucesso se desvanece e se retrai, e tudo volta a ser como antes. Isso nos permite pensar que cada indivíduo tem seu patamar de felicidade intrínseco.

A experiência demonstra também que ocorrências negativas ou traumáticas nos impõem reações semelhantes de sofrimento e, consequentemente, de redução do estado de felicidade. Entretanto, o patamar de referência individual da felicidade, como veremos mais adiante, pode ser ampliado por meio do treinamento e do uso adequado da mente.

Outro fator que influencia nossa sensação de felicidade é a natural comparação que fazemos com a qualidade de vida, os sucessos e os sofrimentos de outras pessoas, bem como com as condições de nosso passado. Se da comparação resulta um saldo positivo a nosso favor, agregamos blocos adicionais de felicidade.

Sem dúvida, a saúde física e a mental também devem ser consideradas como fator decisivo para nossa felicidade, da mesma forma que, evidentemente, nossas boas relações sociais e afetivas.

O que influencia de maneira decisiva na questão de sermos mais ou menos felizes, porém, é o uso adequado da mente e de seu imenso poder, advindo da *Sabedoria Infinita* que a compõe. O controle da mente subconsciente e a manutenção de sentimentos positivos de amor, compaixão, tolerância, perdão, harmonia, paz e tranquilidade contribuem incondicionalmente para nossa felicidade. Afinal, ela é realmente um estado de espírito elevado, de bem-estar amplo e desvinculado de qualquer tipo de sofrimento.

O SOFRIMENTO

Na busca incessante da felicidade, é natural que nos esforcemos para nos afastar dos sofrimentos. O primeiro passo para isso é a identificação das principais causas que nos fazem sofrer.

Inegavelmente, sentimentos negativos de ódio, raiva, inveja, egoísmo, ciúme, angústia e ressentimento são fatores que contrariam as possibilidades de alcançarmos a felicidade. Há também outros fatores que precisam ser considerados, como medos, vícios, doenças, misérias e conflitos. Mas o fator mais decisivo para o sofrimento é a ignorância, é a falta de conhecimento das leis naturais que regem nossa mente e nossas emoções.

Em nossa busca evolutiva, devemos, prioritariamente, atrair os sentimentos positivos para nossas mentes subconscientes e descartar os sentimentos negativos, bem como usar nosso poder mental para eliminar os demais fatores indesejáveis de sofrimento, tornando mais viáveis os sucessos e as boas realizações. Com fé e persistência, além do uso das práticas adequadas que iremos aprender e treinar, teremos plena condição de alcançar nosso objetivo. O conhecimento, a prática de hábitos saudáveis e o uso expontâneo de nossas virtudes naturais não são adquiridos sem esforço e ações necessárias.

Estaremos totalmente aptos a afastar o sofrimento de nossa vida quando pudermos:

> ➢ reagir a uma notícia má apenas com pequenas tensões mentais que logo se desvanecerão, não chegando a atingir

> níveis elevados de descontrole nem permanecendo por longos períodos em nossa mente subconsciente;
> ➢ evitar que indícios de raiva passageira cheguem ao estágio mais profundo do ódio;
> ➢ superar de maneira quase automática as sensações de medo, bem como os vícios indesejáveis;
> ➢ vivenciar a inveja, o egoísmo e o ciúme como sentimentos fugazes e superficiais;
> ➢ superar os ressentimentos de maneira rápida e eficaz, com tolerância, paciência, compaixão e amor;
> ➢ ajudar a minimizar as doenças, misérias e conflitos do mundo com o exemplo de nossas ações.

ENCONTRE SEU CAMINHO

Com este trabalho, pretende-se proporcionar aos leitores, por meio do uso adequado da mente de poder infinito, momentos de reflexão seguidos de ações práticas que levem a uma verdadeira transformação de vida, sempre na busca do sucesso e da felicidade.

Há a firme determinação de viabilizar a construção de um cenário de paz que inspire e motive seus participantes a expandir os conhecimentos e as práticas aqui contidas aos seres humanos com os quais convivam, explicando-lhes que os conceitos utilizados não visam privilegiar quaisquer credos religiosos ou ideologias.

Nesse cenário, os participantes irão adquirir o natural entendimento de que é necessário julgar sempre por antecipação as consequências de seus atos, tanto em relação ao presente quanto em relação ao futuro. E também irão obter a consciência de que seu trabalho, bem como os respectivos resultados e mudanças, devem ser orientados de dentro para fora, do interior para o exterior.

Todos nós, seres humanos, dispomos de todas as virtudes requeridas para ser felizes. Apenas precisamos conhecer a verdade de nossa vida e privilegiar nossas virtudes, em detrimento natural dos medos e vícios que possam nos atingir. Há, pois, a necessidade de trabalharmos para alterar uma arraigada cultura pessimista baseada na ênfase ao egocentrismo, à agressividade e ao egoísmo.

No passado, alguns homens, infelizmente, demonstraram essa característica pessimista de forma relevante, como foi o caso do filósofo Thomas Hobbes. Ele afirmava que um ato de generosidade e compaixão, ao se dar uma esmola a um mendigo para aplacar a necessidade deste, buscava, de fato, minimizar a consternação de presenciar aquela miséria. Ou seja, ele acreditava no egoísmo humano mais do que na bondade, o que é uma forma pessimista de encarar a humanidade.

Até mesmo Freud realçou a agressividade dos homens como sentimento natural. Na realidade, Freud desvendou o inconsciente humano e sua conceituação, caracterizando a consciência como apenas uma fina camada apoiada sobre um vasto território inconsciente. Contudo, no aspecto dinâmico da psicanálise, ele colocou as mais fundamentais forças na condição de impulsos instintivos, que sempre se apresentam aos pares: ativos e reativos. É da avaliação das origens dos impulsos dos primeiros seres humanos, daqueles cuja sobrevivência era disputada de perto com os animais, que surgiu a agressividade como característica intrínseca e que, posteriormente, se propagou geneticamente aos seus descendentes.

Felizmente, a humanidade tem assistido a uma maioria de homens célebres defendendo as virtudes e a solidariedade naturais muitas vezes deformadas, é verdade, por circunstâncias materiais originadas por deploráveis e pontuais fatos de nossa história que hábitos posteriores cuidaram de expandir. Cabe assim a cada um de nós buscar aquilo que melhor atenda ao bem-estar natural da humanidade, ou seja, o treinamento perseverante para aprimorar o uso de nossa mente e desenvolver as virtudes que naturalmente habitam nosso ser. Desde que estejamos convencidos de que a humanidade é boa e solidária em essência, torna-se mais fácil olhar nossos semelhantes de forma diferente, mais amiga e mais tranquila.

É fundamental, ainda, que possamos *desvendar a consciência*, para um significado especial da palavra "impermanência". É a conscientização da impermanência que nos trará, com certeza, uma facilidade maior para evitarmos os ódios e as vinganças, para aplicarmos a tolerância, o perdão e a compaixão.

Impermanência significa que estamos na Terra por um período de tempo bastante limitado no contexto de nossa vida infinita. Significa que estamos aqui cumprindo uma função de experimentações e de evolução para, logo após, seguirmos o curso de nossa vida. Esse período que passamos no planeta não é tudo nem é permanente; é simplesmente um segmento muito pequeno de nossa existência.

Por outro lado, muitas vezes, quando estamos correndo sem parar, às voltas com as "obrigações" do dia a dia, vale a pena fazer um breve intervalo para reflexão que nos permita avaliar se, de fato, estamos nos movendo na direção de nossos reais objetivos de vida. É essa uma forma de começarmos a dar real valor à nossa existência.

A INFLUÊNCIA DA RELIGIÃO

O que mais importa em nossa vida não é propriamente ter uma crença religiosa, mas, sobretudo, ter consciência da existência do Grande Arquiteto do Universo que é Deus, e desenvolver os sentimentos positivos de bondade e compaixão.

Podemos observar que, hoje em dia, a influência da religião no mundo tem sido cada vez menos significativa. A maioria dos habitantes do planeta não é de religiosos praticantes, muito embora os seguidores fervorosos das religiões mais difundidas, que merecem o respeito e a admiração de todos, estejam naturalmente voltados para alcançar a felicidade nesta vida ou, de acordo com alguns, em vidas futuras. Estes, certamente, já estão praticando os princípios que nos levam aos sentimentos positivos. Mas, mesmo para os religiosos praticantes, o conhecimento das leis das mentes consciente e subconsciente e o uso de seu poder infinito são fatores importantes para que possam alcançar mais facilmente a felicidade.

Na prática religiosa está inserida a crença de que o bem-estar dos demais seres humanos deve ser uma preocupação constante, com ênfase natural para a necessidade de permanecermos focados na ética, na moral e na justiça, fatores estes que defendem os direitos de todos e condenam atos que possam trazer malefícios de qualquer natureza aos nossos semelhantes. Uma ação que seja ética, moral e justa, com toda certeza, não poderá prejudicar o desejo de felicidade que outros possam ter.

O que é fervorosamente defendido neste livro nada tem a ver com as doutrinas específicas de uma ou outra religião, mas, simplesmente, com o desenvolvimento constante de nossa mente, seja pelo uso de seu poder infinito ou pelo crescimento de sentimentos que nos elevam e por meio dos quais podemos evoluir. A mais pura definição de felicidade deve sempre incluir a paz entre os homens e a paz interior de cada um.

Sejamos conscientes de que nascemos com as mesmas virtudes e com os mesmos poderes mentais. Daí em diante, cabe a cada um evoluir ou estagnar. Mas, sem qualquer dúvida, a característica primordial de nossa vida deve ser a evolução permanente. O que mais importa não é tanto o que somos hoje, mas que sejamos hoje melhores do que fomos ontem, e que amanhã sejamos melhores do que somos hoje.

"O sábio e o ignorante vivem no mundo. O sábio sabe diferenciar o verdadeiro do falso, porém o ignorante confunde uma coisa com outra. A causa do sofrimento não é o mundo, e sim nossa atitude perante o mundo."

SHRI SWAMI TILAK

CAPÍTULO 2

AS MISÉRIAS, AS DOENÇAS E OS CONFLITOS

O desenvolvimento de sentimentos negativos como o egoísmo e a ambição desmedida, que se constatou durante os últimos séculos, fez com que a humanidade tenha se afastado dos princípios que sempre regeram a natureza e a essência humana. Aliás, nossa própria maneira de ser nos leva a perceber detalhes do que nos cerca, somente nos momentos iniciais de cada nova experiência; com o passar do tempo, vamos nos acostumando a esses detalhes e deixamos de percebê-los, posto que se repetem. Não conseguimos sequer ver o que se passa em nosso dia a dia e, com isso, desvirtuamos nosso julgamento com relação ao mundo em que vivemos. Perdemos, assim, a noção estrita da realidade e, muitas vezes, mal conseguimos nos conscientizar da gravidade do ponto em que nos encontramos.

Atualmente, mesmo as pessoas com mais recursos materiais, em sua maioria, estão longe da evolução que se deve pretender, para almejarem ser, de fato, felizes. Eles estão de tal forma obcecados na busca incessante de riquezas que se esquecem de tudo o mais que existe na vida. Esquecem-se até mesmo de buscar viver com felicidade e, assim, vivem estressados entre a angústia de uma eventual perda do que ganharam e o desespero de querer mais e mais. O contínuo e ilimitado desenvolvimento econômico, empresarial e tecnológico lhes parece ser a única panaceia para todos os males.

Para esses – pessoas e países privilegiados no aspecto material – não obstante as aparências mostrarem um bem-estar total, quando se avalia mais de perto a realidade em que se inserem, observa-se uma aldeia de frustrações, ansiedades, tensões, inseguranças, violências, conflitos, depressões e doenças físicas e mentais próprias de seu, dito, desenvolvimento. Eles não conseguem sequer se aproximar da própria felicidade... Até mesmo conceitos de ética, moral e justiça passam a ser mais superficiais e se contaminam em sua essência. Chegam a pensar que a possibilidade de se suprir necessidades físicas é suficiente para obter a felicidade.

Enganam-se aqueles que assim pensam. A felicidade é um estado de espírito que depende de como nosso íntimo encara o mundo. É um sentimento interior, quase incondicional e, por esse motivo, até as pessoas mais ricas precisam cuidar bem e adequadamente da mente e do corpo. Só assim poderão, como todos os demais, almejar a felicidade.

NOSSO MUNDO REAL

Este planeta em que habitamos, e que é nosso lar, tem sofrido cada vez mais com as distorções da humanidade. Muitas vezes nos esquecemos de que a vida deveria ser vivida como se estivéssemos escalando uma montanha; é necessário que olhemos para o alto e certifiquemo-nos do quanto ainda falta escalar, mas também precisamos olhar para baixo e constatar o quanto já avançamos. Passado, presente e futuro deveriam estar entrelaçados quando avaliamos nossas decisões e nossas ações.

Vivemos uma realidade constituída por uma série de fatores que, diríamos, não são nem um pouco compatíveis com o potencial do ser humano. E quais são esses fatores? Em uma rápida análise, encontramos, sem muita dificuldade, os seguintes:

> ➢ Descompasso crescente entre países desenvolvidos e em desenvolvimento, uma vez que os países que constituem o Primeiro Mundo têm hoje cerca de 20% da população mundial e consomem cerca de 86% dos recursos naturais existentes, respondendo por 80% da geração de lixo e gases poluentes e tóxicos.
>
> ➢ Distribuição injusta de recursos e atendimento da população nas áreas de educação e saúde, mesmo considerando

apenas o minimamente necessário para condições dignas de sobrevivência, o que impossibilita um equilíbrio de oportunidades de vida para os indivíduos e gera as conhecidas doenças da civilização (doenças cardiovasculares, AVCs, etc.), além de aumentar a incidência de doenças psicológicas (depressões, esquizofrenia e outros distúrbios).

➢ Subsistência básica da humanidade cada vez mais difícil, em razão, sobretudo, da miséria alarmante de algumas regiões em decorrência da falta de água tratada e da distribuição inadequada de alimentos para as diversas áreas do mundo.

➢ Inúmeros perigos que pairam em torno do uso indiscriminado da energia nuclear e da deterioração do meio ambiente com efeitos dramáticos na flora, na fauna e no equilíbrio ecológico, tais como as crescentes deformações sociais e psicológicas que têm levado indivíduos a cometer as mais incríveis atrocidades (crimes violentos e hediondos, acidentes cada vez em maior número, suicídios coletivos, alcoolismo e drogas, ataques assassinos em condições inteiramente inesperadas, etc.), o desemprego em quase todos os países e as frequentes distorções econômicas.

➢ A série ininterrupta de violentos e continuados conflitos armados e guerras entre nações e, até mesmo, entre facções de um mesmo povo.

➢ A grande falta de motivação para que adeptos das religiões se aproximem cada vez mais da verdade incondicional, bem como dos aspectos espirituais e éticos da existência humana, o que era de se esperar, pois mais de 70% da população do planeta constitui a base das mais difundidas religiões (2 bilhões de cristãos, 1 bilhão e 200 milhões de muçulmanos, 800 milhões de seguidores do hinduismo, 300 milhões de budistas, além de muitas outras religiões com menor número de adeptos, porém, mesmo assim, com expressivos contingentes que quase preenchem os 30% restantes).

A verdade é que a ciência tem dominado de tal maneira os pensamentos humanos que acabamos por criar um forte paradigma de somente aceitar como verdade aquilo que tem alguma explicação científica. Os aspectos espiritual e mental têm, no mais das vezes, sido descartados ou relegados a segundo plano. Isso tem feito com que nos afastemos da "verdade", que é o intrínseco estado natural das coisas, a tal ponto que nos tornamos verdadeiros escravos da ciência. E esse afastamento gerou muitos dos sintomas de degeneração social pela qual passou e continua a passar a humanidade. Foi por meio deles que geramos miséria, miséria e mais miséria, apesar dos avanços tecnológicos e do desenvolvimento econômico e industrial.

Todos esses aspectos negativos de nosso mundo real são interligados, interdependentes e não podem ser fragmentados para que façamos uma análise mais apurada ou busquemos soluções. Toda vez que adotarmos formas diferentes para abordar um deles, qualquer que ele seja, certamente os demais serão afetados, e isso fará surgir novas dificuldades para as quais precisaremos buscar novas soluções. E, além disso tudo, é imperativo que busquemos mais liberdade em relação aos paradigmas existentes, sob pena de sermos influenciados erroneamente por eles em nossas avaliações.

AS MISÉRIAS

Quando nos reportamos à China de meados do século XX, encontramos um filósofo e padre jesuíta que dedicou grande parte de sua vida, inclusive os anos em que viveu naquele país, ao desenvolvimento de sua teoria relativa à constituição da humanidade como um ser único. Estamos falando de Pierre Teilhard de Chardin, que também participou como geólogo dos trabalhos que levaram à descoberta do crânio do "Homem de Pequim". Em seus estudos sobre a evolução humana, ele concluiu que os homens se direcionam para a constituição de um único organismo pensante.

Numerosíssimos estudos e trabalhos de filósofos, físicos, psicólogos e pensadores da humanidade que se conduziram por trilhas semelhantes às de Teilhard de Chardin mostram as mesmas conclusões. Pensando bem, não há como negar que as semelhanças entre as atuais malhas da comunicação humana e os neurônios do cérebro são incontestáveis. As dimensões da Terra foram extremamente compactadas por nossos sistemas de interligação, e a evolução destes envolve velocidade de comunicação e armazenagem de informações a custos cada vez mais baixos.

Um estudo publicado em outubro de 2000 pela Universidade da Califórnia afirmava que a informação acumulada no mundo ocuparia 12 exabytes de memória (exabyte = um byte seguido por 18 zeros).

Se esses dados fossem colocados em disquetes empilhados, a altura da pilha atingiria mais de 3 milhões de quilômetros. A pesquisa levou em consideração toda a informação manuseada pela mídia impressa e eletrônica, livros publicados, músicas e filmes, comunicação pessoal e empresarial, e dados digitais. Chama a atenção o fato de que, em menos de três anos a seguir, quantidade igual de informação foi gerada e cerca de 95% dela foi na forma digital. Outro aspecto interessante é que, nos últimos vinte anos, a queda no custo de armazenagem digital caiu de US$ 250 mil / megabyte para algo em torno de US$ 0,30, e, nos próximos anos, esse custo deverá ser ainda dez vezes menor. Quando analisamos as telecomunicações, verificamos que o mundo tinha, em 2003, 32 milhões de quilômetros de fibras óticas e isso, nos cinco anos seguintes, chegou a 1,6 bilhão de quilômetros.

Por esses e por muitos outros fatos, pode-se depreender que a velocidade de crescimento da malha de interligação humana é imensa e crescente, estando já assentada em um sistema bastante eficiente e compactado. Em outras palavras: o conceito de Terra como superorganismo sai da retórica e passa a integrar a realidade. E nossa responsabilidade se torna ainda maior, pois qualquer ideia exposta, no momento seguinte, já será conhecida por bilhões de seres humanos.

E, já que somos parte de um mesmo superorganismo, nos vêm estas perguntas naturais:

- ➢ Como, com todo o desenvolvimento econômico, industrial e tecnológico de que dispomos no planeta, podemos admitir que partes de nosso próprio organismo estejam tão consumidas pela deterioração das misérias humanas?

- ➢ A recuperação dessas partes não deveria ser prioridade total e ter absoluta relevância para a humanidade?

- ➢ Poderá alguém, em sã consciência, admitir que uma parte doente de nosso organismo não vá lhe trazer sérios malefícios?

- ➢ Será que tantos atos de terrorismo, de violência, de desorganização social e de conflitos não poderiam ser evitados se as partes doentes de nosso organismo fossem curadas?

- ➢ Será que podemos, de fato, ser felizes enquanto um verdadeiro câncer planetário se desenvolve em nosso superorganismo?

Essas são questões para meditar... São questões que se apresentam para cada um de nós e que requerem um trabalho decisivo e constante, com muita perseverança, para que possamos alcançar soluções. Esse trabalho deve começar por nossa consciência, pela transformação de nossa mente, para em seguida, por meio do exemplo e da divulgação de nossas verdades, prestarmos nossa contribuição para a eliminação das misérias e a conquista da felicidade. Dessa forma, estaremos ajudando a conscientizar um número maior de pessoas necessárias para a grande mudança de nossas estruturas econômico-sociais, bem como de nossos paradigmas.

AS DOENÇAS

Os conceitos de René Descartes, corroborados pela física de Isaac Newton, substituíram a civilização orgânica e espiritual que existia até então e incutiram profundamente na humanidade os seguintes paradigmas:

> Somente se pode ter certeza das coisas pelo conhecimento científico absoluto que inclui experimentos.

> A matéria é a base da existência e todos os organismos da Terra são máquinas mecânicas que podem ser reparadas com a "manutenção" particular de cada uma de suas partes.

Diante disso, nossa evolução tem se baseado nos parâmetros racionais que a ciência materializada impõe, tornando o extraordinário desenvolvimento tecnológico que alcançamos incompatível com o reduzido desenvolvimento social, bem como com o desenvolvimento da mente humana e da ética que praticamos.

É inaceitável que o homem possa desembarcar na Lua e realizar viagens a diversos planetas de nosso sistema solar e ainda não tenhamos condições de administrar, por exemplo, as queimadas que acontecem em nossas florestas e tornam cada vez mais difícil a prospecção da vida das gerações futuras do planeta, ou que não tenhamos ainda difundido suficientemente o conhecimento necessário para que todos possam compreender o funcionamento da mente. Existem tantos contrastes desse tipo que, vez por outra, nos descobrimos estarrecidos com o despropósito deles.

Felizmente, com a evolução das teorias quântica e da relatividade propostas por Albert Einstein, ficou claro que não existe verdade absoluta na ciência; houve, sim, mudanças nos conceitos de espaço, tempo e matéria, as configurações materialistas e mecanicistas foram colocadas em estado de evidente contestação e aspectos ecológicos, orgânicos e espirituais da vida foram mostrados com mais ênfase. O paradigma, porém, permanecia e permanece ainda na mente da maioria das pessoas. A tese que equipara o organismo humano a uma máquina é, até hoje, ferrenhamente defendida em diferentes setores da sociedade. Conceitos como o da unidade da vida e da influência natural da mente humana no campo das doenças que afligem a humanidade só são encontrados naqueles espíritos que dispõem de mais liberdade e, por isso mesmo, são mais abertos à evolução.

Conceitos desenvolvidos no final do século XIX e início do século XX demonstravam que o mundo, de fato, é muito mais complexo do que Descartes e Newton supunham. Com mais segurança, o mundo passou a ser descrito como um todo indivisível cujas partes são inter-relacionadas, e a ideia da medicina holística tornou-se cientificamente demonstrável, facilitando sua compreensão.

A medicina então resgata seu papel e volta a cuidar do ser humano como um todo e não mais de partes isoladas desse ser, como de um estômago ou de um fígado comprometidos, por exemplo. E passa a cuidar de um ser humano composto de mente e de corpo que se inter-relacionam totalmente. Até mesmo a definição de saúde passa por mudanças, ampliando-se. De acordo com a Organização Mundial de Saúde (OMS), a saúde passa a ser "um estado de total bem-estar físico, mental e social, e não apenas a inexistência de doenças".

Mais facilmente, passou-se a aceitar que tudo começa na mente e que ela comanda todas as funções do corpo. Nessa perspectiva, as doenças são, em sua maioria, consequência de estados mentais inadequados que, por sua vez, geram comprometimentos no sistema imunológico do organismo. Como exemplo disso, vale lembrar que muitas bactérias já habitam normalmente nosso corpo, mas é apenas quando nossas defesas são comprometidas que elas agem de forma a ocasionar sintomas de doenças.

Vamos analisar esse assunto de forma mais detalhada em capítulos posteriores, quando teremos condições de discorrer sobre o envolvimento mental na geração e na cura das doenças que afligem o ser humano.

OS CONFLITOS

Há uma crença mais ou menos generalizada de que, quando as pessoas recebem uma boa instrução, a mente delas evolui e elas se tornam civilizadas. No entanto, há violência e conflitos gerados por indivíduos com alto grau de instrução, o que prova que tal crença não é totalmente verdadeira. Nem poderia ser, pois uma instrução materialista que não desperta a mente para as verdades do espírito não pode ser suficiente para que pessoas evoluam, em seu sentido pleno da palavra.

Temos evoluído de maneira assombrosa em certos campos da vida; contudo, no que concerne aos conflitos humanos, ainda não saímos da mais tenra idade.

Quando os primeiros seres humanos habitaram o planeta, conviviam muito perto dos animais e com eles aprenderam a se defender, a lutar e a atacar suas presas. Esse foi o *primeiro estágio da evolução humana,* quando o que contava era a *força física*.

Séculos depois, no *segundo estágio*, o **intelecto** passou a ser o elemento dominante. Foi – e é – o período da evolução tecnológica e científica; período em que se buscava e se busca o desenvolvimento econômico, industrial e tecnológico, a qualquer custo. Nessa fase, os conflitos, naturalmente, ainda são inerentes ao aguçado sentido de competição sem limites. Apesar da evolução, o que se viu e ainda se vê são conflitos sofisticados, que, na maioria, são dirigidos por um espírito ainda muito semelhante ao dos animais. Nossa luta pela subsistência e/ou por conquistas de qualquer tipo nos aproxima do homem das cavernas que aqui viveu há milhões de anos.

Finalmente, em um momento atual, entende-se que nos encontramos na fase de transição para o *terceiro estágio*, quando iremos priorizar o *"desvendar da consciência"* para o *desenvolvimento da mente*.

Evidentemente, esse *terceiro estágio* representará uma época em que os conflitos estarão minimizados, pois não mais se justificarão. Será uma época em que poderemos, com clareza, visualizar nossa evolução natural na busca da felicidade e de um mundo de paz e de harmonia. Uma época em que o bem-estar pleno representará o aspecto dominante, pois o mundo terá, obrigatoriamente, passado por transformações que irão eliminar as misérias e por um trabalho intenso da mente, reduzindo a influência das doenças sobre o gênero humano, o que acarretará uma convivência natural e mais pacífica entre os homens, e, consequentemente, conflitos de qualquer tipo serão desconsiderados.

Estaremos assim vivendo em um mundo ideal.

"Devemos aprender que as circunstâncias e os ambientes têm influência sobre nós, mas somos responsáveis por nós mesmos."

WILLIAM SHAKESPEARE

CAPÍTULO 3

O PODER DA MENTE E COMO USÁ-LO

O poder da mente é infinito. Podemos, com ele, conseguir benefícios incomensuráveis em diferentes áreas de interesse. Para que se possa utilizar tal poder, porém, é mister que penetremos na análise da mente para entendê-la melhor. Da mesma forma que, por exemplo, quando se estuda química, se começa por conhecer sua constituição e seus princípios, o estudo da mente também requer semelhante trabalho de investigação prévia.

A mente se compõe de duas partes que têm funções distintas: a consciente (ou racional e objetiva) e a subconsciente (ou irracional, subjetiva e impessoal).

A MENTE CONSCIENTE E SUAS LEIS

A mente consciente é aquela que **se acha em contato com o mundo exterior por meio de nossos cinco sentidos**. Ela recebe as informações e racionalmente as analisa, critica, censura e seleciona, enviando suas conclusões para a mente subconsciente, através dos pensamentos.

O meio de comunicação entre a mente consciente e a mente subconsciente é o pensamento (e as naturais emoções que dele decorrem). Suas principais funções são o raciocínio e a execução de nossos contatos com o meio ambiente que nos cerca.

Entretanto, quando trabalhamos com a mente consciente, precisamos ter muito cuidado para transmitir suas conclusões à **mente subconsciente**, pois esta é extremamente sensível e detecta qualquer dúvida ou sentimento de insegurança, por mais leves que sejam. A *fé efetiva* no que estivermos pensando e, portanto, no que estivermos transmitindo ao subconsciente é imprescindível; ela – a fé – precisa ser muito forte para ser capaz de alterar alguma crença (ou paradigma) que já se encontre gravada na mente subconsciente. A *fé incondicional* representa assim a possibilidade concreta da realidade física. Não haverá qualquer efeito positivo se dissermos uma coisa e, ao mesmo tempo, estivermos pensando outra. Nesse caso, **para o subconsciente prevalecerá a ordem do pensamento**.

Também é importante destacar a importância de a mente consciente manter os **pensamentos sob permanente vigilância** para que não sejam enviadas mensagens indesejáveis ao subconsciente.

O que semeamos na mente subconsciente é o que iremos colher no corpo e no ambiente que nos cerca.

Se, com frequência, dissermos a nós mesmos que somos incapazes de fazer determinada coisa, a mente subconsciente tomará providências para que, de fato, sejamos incapazes em relação àquilo. Há um dito popular que é a pura expressão da verdade: "**Maus pensamentos atraem, na realidade, as coisas más em que estivermos pensando**".

Uma coisa é certa: uma vez que comecemos a controlar o processo mental, "*poderemos aplicar o poder da mente subconsciente para superar qualquer problema ou dificuldade*". Não existe limitação no poder da mente, pois a Sabedoria Infinita de Deus também é parte integrante de nossa mente. **A mente consciente dá as ordens que serão cumpridas pela mente subconsciente**.

É também importante **usar sempre frases positivas** para nos dirigirmos à nossa mente subconsciente, pois esta é muito direta e tende a não detectar a palavra "não". Quando ouvimos, por exemplo, "Não pense na cor azul", automaticamente já pensamos na cor azul. Orientar-se pelo que não se quer, em vez de fazê-lo pelo que se quer, é o mesmo que caminhar para a frente olhando para trás: sabemos de onde estamos vindo, mas não sabemos para onde vamos.

A MENTE SUBCONSCIENTE E SUAS LEIS

A mente subconsciente, **central da memória e das emoções, tem como papel principal receber as conclusões da mente consciente sob a forma de ordens para execução.** O subconsciente não discute nem analisa as ordens que recebe. Ele sempre aceita as informações recebidas como verdadeiras e corretas, independentemente de serem de fato corretas ou não. É por essa razão que reiteramos a necessidade de controlarmos permanentemente os pensamentos para orientá-los apenas para conclusões que sejam realmente desejáveis.

O subconsciente pode ver e ouvir sem usar os recursos da visão e da audição, mesmo em relação a fatos distantes. Ele pode deixar seu corpo e se deslocar a outras regiões para colher informações importantes, pode ler pensamentos de outras pessoas e saber o conteúdo de uma mensagem antes de lê-la, mas não tem a capacidade de contestar as informações nem ordens recebidas.

É também a mente subconsciente que comanda todas as funções vitais do corpo humano: ela não para de funcionar, permanecendo alerta e em operação 24 horas por dia. No subconsciente residem, da mesma forma, atributos de poder infinito relativos à sabedoria, à saúde e à felicidade.

A mente subconsciente dispõe de uma prodigiosa memória na qual são gravadas todas as informações recebidas e as experiências vividas e, da mesma forma, arquiva as mensagens recebidas de outras mentes subconscientes por meio de ondas eletromagnéticas. É exatamente por isso que se diz **que tudo que se grava na mente subconsciente fica disponível no espaço, como experiência vivida**.

É por tais razões que a mente subconsciente tem, armazenados em sua memória, determinados paradigmas nos quais se baseia para suas ações. **Somente fortes, repetidos e decididos pensamentos e imaginações da mente consciente poderão modificar tais paradigmas**, e isso nem sempre acontece de imediato, podendo levar algum tempo. **A perseverança é, pois, fundamental** para alcançarmos o que desejamos.

A lei da ação e reação se aplica perfeitamente à mente sub-consciente. Se lhe transmitirmos conceitos positivos de felicidade, harmonia, generosidade, tolerância, paz, saúde e prosperidade, teremos esses mesmos sentimentos presentes em nossa vida, em retribuição.

O mundo interno da mente subconsciente é o poder criador que controla o mundo externo. Isso quer dizer que a mente subconsciente provê os meios para que sejam atendidos todos os desejos de quem dá ordens adequadamente. Esse poder se aplica, inclusive, à capacidade de curar o corpo doente, e é por isso que, seguramente, podemos dizer que nossos pensamentos constantes materializam nossa vida.

COMO FUNCIONA O CONJUNTO DA MENTE

Analisando as fases da história da humanidade, podemos constatar que ela teve seu início com forte sentido no trabalho físico. Passado algum tempo, evoluiu para o trabalho intelectual que permitiu imensas contribuições ao sentido da vida. Agora, estamos evoluindo para uma nova fase: o desenvolvimento da consciência para o trabalho mental. Nessa fase, em virtude do ilimitado poder da mente, temos todas as condições de mudar completamente a vida das pessoas, das nações e do planeta. Estamos aptos a construir um novo mundo ideal, repleto de felicidade e bem-estar.

Na realidade, **tudo o que pensamos e acreditamos ser verdade será realizado por nosso subconsciente**. Por outro lado, se não acreditarmos no que estivermos pensando ou se tivermos dúvidas quanto à possibilidade de realizar determinada coisa, seguramente não a realizaremos.

Quando foi dito no passado e quando se continua a dizer que "a fé remove montanhas", o que se pretendia e se pretende é enfatizar a realidade da vida: a fé proporciona uma força ilimitada que atua por meio do pensamento e do subconsciente, e não é movida por fatores externos a nós mesmos.

> Nós temos condições de realizar
> o que quer que seja; só depende
> de nossa mente.

Temos pois o poder supremo de mudar nossa vida. Ninguém tem o poder de nos prejudicar, a não ser nós mesmos. De fato, há na mente subconsciente um poder incomensurável capaz de remover montanhas de dificuldades para que atinjamos nossos objetivos. O planeta vive hoje tal estado de descontrole social porque quem já aprendeu a forma de atuação da mente humana não divulgou esse conhecimento suficientemente para que um grande número de indivíduos também possa utilizá-lo.

De maneira simplificada, podemos dizer que o funcionamento da mente se processa da seguinte forma:

- Nossos sentidos constatam fatos que ocorreram e ocorrem tanto no mundo exterior ao nosso organismo individual quanto em nosso interior.
- A mente consciente analisa amplamente tais fatos e tira conclusões verdadeiras.
- O consciente envia ordens repetidas à mente subconsciente, por meio dos pensamentos, para que estas sejam realizadas no mundo exterior, tanto quanto em nossos organismos.
- O subconsciente usa seu poder, planejando e realizando fielmente aquilo que lhe foi ordenado com convicção.

Complementos importantes para o melhor uso da mente na busca da felicidade:

- Esforço para desenvolver e manter permanentemente em nossa mente apenas sentimentos positivos de amor, harmonia, alegria, tolerância, perdão e compaixão, dedicando ao próximo aquilo que desejamos que nos seja dedicado.
- Séria e constante concentração para eliminar de nossa mente os sentimentos menores de ódio, raiva, ressentimento, angústia, egoísmo e inveja, bem como medos e pensamentos negativos a respeito do que não desejamos que nos aconteça.
- Fé em nossos pensamentos e perseverança para alcançar nossos objetivos.
- Trabalho dedicado para difundir entre todos os seres humanos conceitos como os que estão sendo abordados neste livro, pois somente alcançaremos a plenitude do bem-estar quando

um grande número de homens e mulheres do mundo houver desvendado a consciência e estiver livre das misérias, das doenças e dos conflitos.

➢ Manutenção de um estado de relaxamento para que a comunicação com o subconsciente se processe com mais eficiência, evitando interferências e aumentando a concentração no que de fato desejamos.

É importante entender que a mente consciente e a mente subconsciente não são distintas, mas sim duas partes de um mesmo todo, cada uma com funções específicas. A mente consciente, por exemplo, escolhe que livro desejamos ler, o esporte que preferimos praticar, a viagem que queremos realizar e, assim, decide sobre nosso dia a dia. De outra forma, a mente subconsciente coordena, sem que tenhamos qualquer consciência, o funcionamento dos órgãos de nosso corpo, mesmo que estejamos dormindo, assim como o planejamento completo das medidas requeridas para a realização do que tenha sido ordenado pela mente consciente, induzindo-a às conclusões a ser seguidas.

A constatação de que a mente subconsciente não discute ordens que recebe do consciente e as realiza convenientemente é feita mediante os inúmeros testes levados a efeito por psicólogos experientes, com pessoas em transe hipnótico. Nessas circunstâncias, tais pessoas estão com a função consciente suspensa, e as ordens são dadas diretamente ao subconsciente pelos psicólogos. Em países de clima quente, por exemplo, se é dito ao subconsciente de uma pessoa que ela está no Polo Sul e sem agasalho adequado, imediatamente a pessoa começa a tiritar de frio. Da mesma forma, se for dito ao subconsciente de uma pessoa que o braço direito dela está doendo, prontamente a sensação de dor se manifestará.

Outra experiência nesse sentido que comprova o poder da mente na formação e modificação dos tecidos do corpo humano é aquela em que o hipnotizado é informado de que seu braço será tocado por um ferro em brasa, mas na realidade é tocado por uma simples folha de papel. Mesmo assim, o subconsciente da pessoa hipnotizada acredita no que lhe foi dito e, ao ter seu braço tocado pelo papel, reage como se, de fato, fosse um ferro em brasa. Passado algum tempo, no local tocado pelo papel, forma-se uma bolha d'água como reação natural do organismo, comandado por seu subconsciente, ao pseudoferro em brasa.

Entretanto, como já dissemos anteriormente, a mente subconsciente tem dificuldades para aceitar qualquer sugestão que contrarie as orientações recebidas pela mente consciente, que detém o poder de contestação. Toda e qualquer sugestão somente será aceita, se a mente consciente estiver de acordo.

Eis uma forte razão pela qual devemos manter nosso consciente em estado de alerta: impedir que sugestões nocivas à nossa integridade sejam aceitas pela mente consciente. E esse estado de alerta deve ser consciente da influência negativa que nossos medos e crenças possam exercer em nossas decisões. Com tal consciência da realidade, nossa mente consciente estará mais apta a tomar as melhores decisões relativamente às sugestões que nos chegam.

Muitas pessoas adotam tais procedimentos por instinto e, portanto, obtêm os resultados deles advindos sem sequer terem consciência de suas razões. Outras adotam os mesmos conceitos aqui descritos, porém o exteriorizam de diferentes formas, como usando a imposição das mãos, a pirâmide ou orações, e, é claro, também obtêm os resultados esperados. De qualquer forma, esse desvendar da consciência pretende estabelecer sequências de ações que nos encaminhem com segurança para os objetivos que desejarmos.

COMO PODEMOS CONTROLAR O MEDO?

Os diferentes tipos de medos constituem os problemas que mais atingem negativamente o homem em sua busca da felicidade e na evolução tecnológica e social do planeta.

São os medos que, na maioria das vezes, nos impedem de oferecer à mente subconsciente um pensamento firme e desprovido de dúvidas, que representará, de imediato, efeitos benéficos ao nosso organismo individualizado.

A LIBERAÇÃO DOS MEDOS

Entre os medos, o do fracasso e o de ser criticado talvez sejam os mais frequentes. Um exemplo de seus efeitos pode ser entendido com a descrição a seguir de fatos ocorridos:

Um jovem que residia no sul do país ocupava uma importante posição em seu estado. Por um conjunto de circunstâncias, apareceu a oportunidade de disputar um elevado cargo político em Brasília. Tratava-se de um grande salto em sua carreira, para o qual ele de fato estava preparado, mas que lhe estava causando forte ansiedade. Esse sentimento vinha dificultando suas ações, sem as quais não poderia ter sucesso em suas pretensões. Quando lhe perguntavam como tinha coragem de subir de uma só vez tantos patamares, ele dizia: "Estou na estrada, vou em frente, mas sei que não será desta vez". Com esse tipo de atitude, ele se distanciava cada vez mais do sucesso que o aguardava.

Contudo, ele teve acesso aos originais desta obra e, depois que entrou em contato com seu conteúdo, determinou-se a trabalhar sua mente por meio da autossugestão.

Duas vezes ao dia, ele se isolava em um ambiente silencioso e, em quase total penumbra, sentava-se em uma poltrona confortável e relaxava, de olhos fechados. Com essa atitude, seu corpo e seu consciente ficavam em repouso quase absoluto e a comunicação com o subconsciente podia realizar-se mais facilmente e sem interferências externas ou de pensamentos outros que poderiam lhe ocorrer. Sua mente, então, ficava predisposta às sugestões.

Para contrabalançar a sugestão de medo que o angustiava, ele repetia para si mesmo, lenta e tranquilamente, e cheio de autoconfiança, por dez a doze vezes: "Eu sou um bom político e estou preparado para a oportunidade que se apresenta. Sou capaz e tenho confiança em meus méritos".

Após dez dias de exercícios, sentiu-se perfeitamente apto e passou a ter um desempenho extraordinário nas funções prévias necessárias, tornando-se o candidato mais forte para a posição.

Quando quiser que alguma coisa de fato aconteça, observe este importante fator do pensamento: pense ou imagine o que você quer que aconteça **como se fosse algo já existente**, dificultando, assim, o surgimento da dúvida.

CONTRAPOSIÇÃO A SUGESTÕES NEGATIVAS

Processos semelhantes, adotados com os mesmos cuidados citados no exemplo anterior, também apresentam efeito positivo na contraposição a sugestões negativas. Podemos praticá-los para nos contrapor às sugestões negativas que nos forem dirigidas. Em tais circunstâncias, além do procedimento diário, é recomendável que, no momento em que recebermos uma sugestão negativa, imediatamente a contestemos com uma autossugestão positiva.

Por exemplo, quando alguém lhe disser *"Não adianta, você não poderá fazer isto!"*, diga a si mesmo: *"Eu sei que estou perfeitamente apto a fazer isto"*.

Efeitos negativos das crenças que carregamos por causa de sugestões do passado também podem ser trabalhados da mesma forma, sempre com sucesso nos resultados.

Não nos esqueçamos de que tanto os medos quanto as sugestões negativas não podem nos prejudicar se nos mantivermos em estado de alerta e impedindo que os pensamentos maléficos deles decorrentes sejam enviados ao nosso subconsciente de maneira mais prolongada.

Nosso consciente escolhe se devemos aceitar ou não a sugestão recebida, mas é preciso nunca dizer frases como: *"Eu não vou conseguir fazer isso"*; *"Estou muito velho para fazer tal coisa"*, *"Estamos com muitos problemas que cada vez pioram mais"*; *"Não conseguirei vencer"*; *"O país não tem mais jeito"*.

COMO PODEMOS NOS LIBERTAR DOS HÁBITOS NOCIVOS ?

Assim como os medos, qualquer hábito negativo pode também ser altamente prejudicial à saúde.

Na verdade, se não existir forte motivação e poderoso convencimento íntimo de que determinado hábito ou vício está nos trazendo prejuízos, dificilmente conseguiremos ser bem-sucedidos em demovê-lo de nossa vida. Isso acontece com todos os hábitos mantidos durante longos anos, como o consumo de bebidas alcoólicas, drogas, cigarro e outros, cujo efeito nos influencia em níveis variados; é preciso que a força da motivação, apoiada pela fé inabalável, derrube as barreiras que antepomos para conseguir aquilo que desejamos.

Como ponto de partida, precisamos nos convencer de que qualquer hábito é adquirido pela repetição de um comportamento; isso programa nossa mente subconsciente e a predispõe a manter-se repetindo tal comportamento. Assim, quando ocorrer determinada circunstância, o subconsciente automaticamente instrui a reação que já está gravada por considerá-la a mais adequada. Então, assim como podemos "gravar" hábitos negativos, que são os vícios, podemos também – e devemos – nos valer da repetição para a gravação de hábitos e atitudes positivas.

A libertação de vícios e hábitos nocivos pode ser conseguida pelo uso da mente, aplicando-se os procedimentos citados neste livro, de forma repetitiva, até que se obtenha o sucesso que certamente será atingido.

Tanto pela visualização ou pela imaginação – *"mensagem ilustrada"* – como pela constatação e pela decisão – "mensagem afirmativa" – podemos superar as dificuldades que surgirem em nossa vida. E os exemplos de sucesso têm se repetido.

A LIBERAÇÃO DO VÍCIO DA BEBIDA COMO EXEMPLO POSITIVO

➢ Imagine, repetidas vezes e em estado de relaxamento, duas vezes ao dia, sua entrada em um bar que costume frequentar e no qual peça sempre bebidas que o levem ao estado de embriaguez.

➢ Visualize-se sentado na mesma mesa em que você costuma sentar com os mesmos acompanhantes, mas, em vez de pedir uma bebida alcoólica, peça um suco de fruta e, saboreando-o, desfrute a música, o ambiente e a conversa com os amigos de forma muito mais agradável e por mais tempo.

➢ Imagine os aspectos positivos dessa sua atitude e as coisas boas dela advindas.

➢ Repita essa mentalização exaustivamente, para criar uma verdade mental.

A mente subconsciente não sabe distinguir a realidade física do que está sendo pensado ou mentalizado e, em oportunidades semelhantes que se apresentarem no futuro, reagirá adequadamente. Esse procedimento é a *"mensagem ilustrada"* que se envia à mente subconsciente.

Quem tiver dificuldade de concentração e de mentalização, pode fazer uso de CDs ou fitas gravadas disponíveis, que facilitam o relaxamento e auxiliam nas visualizações desejadas. Existem CDs e fitas específicas para parar de fumar, para emagrecer, para superar medos variados, como viajar de avião, enfrentar o público, medo de insetos ou de pequenos animais, como também para superar problemas mais sérios, como vício em drogas, por exemplo.

> Por pior que seja o vício ou o hábito, sempre haverá solução com o uso da mente. Ninguém é obrigado a carregar fardos pesados durante toda a sua vida.

ESTÁGIOS DE CONSCIÊNCIA

São quatro os estágios de consciência: alfa, beta, teta e delta.

Beta é o estágio normal de nossa atividade do dia a dia e representa nossa mais alta atividade mental. Evidentemente há subníveis que ocorrem ao longo de nossa jornada diária, em razão do estado de agitação em que nos encontremos, mas devemos nos conscientizar de que, quanto mais agitados estivermos, menor será nossa capacidade mental. E um estágio extremo de agitação pode paralisar a mente.

No item anterior, explicitamos uma forma de relaxamento mental muito eficiente para estabelecer melhor comunicação com o subconsciente. Podemos qualificar tal estado de relaxamento como estágio *alfa*, ou seja, de manutenção do corpo e da mente em completa calma, sem tensões emocionais ou físicas. É um estágio adequado para o preparo e o posterior trabalho da mente, que estamos propondo neste livro.

Ainda com relação ao processo para se atingir o estágio ***alfa***, a forma como ele foi descrito anteriormente é bastante simplificada. Há outras formas de atingi-lo e, alternativamente, também de forma simplificada, pode-se buscá-lo à noite, pouco antes de dormir, quando a mente já está se preparando para o sono diário, e novamente pela manhã, imediatamente após acordar, quando a mente ainda não entrou no estado de agitação do dia a dia.

Vamos, a seguir, analisar um processo bem completo de relaxamento no estágio ***alfa***, em que se atinge o ponto ideal com mais segurança e em um nível mais profundo, mesmo nas ocasiões em que eventualmente se estiver mais agitado. O fato de haver maior profundidade significa que se estabelece uma situação mais conveniente para a comunicação entre as duas partes da mente.

ORIENTAÇÕES PARA UM RELAXAMENTO COMPLETO

> Deite-se em posição confortável, em um ambiente isolado de ruídos. Não force qualquer músculo e ouça apenas, como som de fundo, uma música bem suave.

> Respire profundamente por três a cinco vezes e, em seguida, comece a imaginar um relaxamento ainda mais acentuado nas várias partes de seu corpo, começando pelos dedos da mão esquerda.

> Imagine que seus dedos da mão esquerda estão ficando mais e mais relaxados.

> Passe para a mão esquerda e, lentamente, vá deslocando o pensamento para o braço esquerdo, o cotovelo, o antebraço, e atinja o ombro esquerdo.

> Em seguida, bem devagar, penetre na parte esquerda do tórax, sempre imaginando que seu corpo vai progressivamente se relaxando mais e mais.

> Desça lentamente para o abdômen, a bacia, e atinja a coxa esquerda.

> Continue descendo para o joelho, imaginando que o relaxamento se estende agora para a perna esquerda, o pé esquerdo e os dedos.

> Em seguida, lentamente, volte a subir pelo pé, pela perna, passando pelo joelho e pela coxa esquerda, chegando à bacia.

> Movimente lentamente o foco do relaxamento para o lado direito da bacia, sempre relaxando, e comece um percurso semelhante pela coxa direita, descendo pelo joelho e pela perna direita, até o pé direito e os dedos.

> Em seguida, retorne, sempre relaxando bem devagar, pelo pé direito, pela perna, pelo joelho e pela coxa, até alcançar o lado direito do abdômen, do tórax e chegar ao pescoço.

> Seguindo, suba bem devagar pelo pescoço e, depois, por todo o conteúdo da cabeça, até atingir o couro cabeludo; cruze para o lado esquerdo da cabeça.

> Desça, então, ainda lentamente, pelo pescoço, até o lado esquerdo do tórax; atravesse para o lado direito e penetre no ombro direito.

> Continue o percurso bem devagar, passando pelo antebraço direito, pelo cotovelo, pelo braço direito e finalmente chegamos à mão direita e aos dedos.

> Sua mente, agora, está completamente calma e em paz.

> Seu corpo está mais leve e totalmente relaxado, e você se sente absolutamente tranquilo.

> A partir desse momento, você está pronto para enviar suas ordens à mente subconsciente.

O estágio *teta* é ainda mais profundo que o alfa e constitui o estado mais relaxado que se pode atingir em consciência. É um estado de ótima comunicação com o subconsciente, porém instável, por estar no limiar do sono e não garantir tempo necessário ao processo completo de comunicação entre as duas partes da mente. Pode-se, contudo, usar esse estado para dormir pensando em dificuldades que estiver enfrentando e, assim, sonhar com as respectivas soluções.

O estágio *delta* é atingido quando se dorme e o consciente fica desligado. A boa utilização desse estado mental limita-se à possibilidade de induções através do sonho. Se estivermos em um processo de comunicação de um problema ao subconsciente no estágio teta e cairmos no sono, poderemos sonhar com ações propostas pela mente subconsciente para sua solução.

COMO A MENTE É IMPORTANTE NA VIDA !

O poder da mente é infinito. Ela controla todas as nossas funções vitais, recupera o corpo das doenças e tem capacidade para resolver todos os nossos problemas. A mente é a origem de nossa felicidade e, ao mesmo tempo, é a esperança que podemos ter para eliminar sofrimentos.

Para que a mente possa nos ajudar, só se depende de nossa vontade e de adotarmos os procedimentos corretos de comunicação com ela. Tudo funciona exatamente como um computador: uma máquina de alta capacidade que somente pode ser explorada ao máximo se soubermos usar a linguagem que ela entende.

Precisamos **desvendar a consciência** para conhecer os segredos da mente e aprender como podemos nos comunicar com ela. Depois, basta colocar em prática o que tivermos aprendido, para encontrarmos as soluções de nossos problemas e nos tornarmos muito mais felizes.

A mente subconsciente é inicialmente "programada" para buscar sempre a paz, a felicidade e a saúde do organismo. E é assim que ela deve ser mantida pelo homem, sempre com a consciência de que *somos aquilo que nossos pensamentos idealizam*. Além disso, temos um fortíssimo instinto de autoconservação de nosso corpo, como uma lei da natureza, o que significa a existência de um forte poder de substituição e de recuperação de todos os tecidos do organismo por parte do subconsciente.

Somente quando nossos pensamentos são desvirtuados e influenciados por sentimentos menores como ódio, raiva, inveja, ciúme, angústia e desamor é que surgem as doenças.

A mente é tão importante em nossa vida que podemos até mesmo dizer que Deus será para nós aquilo que nossa mente achar que Ele é.

Nós, de fato, somos aquilo que nossa mente dita que somos. Em outras palavras, **nossa mente é a causa e nossa vida, o efeito**. A mente é capaz de nos oferecer proteção, de nos guiar nos momentos de dúvida, de definir nosso destino, enfim, de propiciar ou não a tão desejada felicidade.

Se afirmarmos permanentemente com convicção que Deus supre nossas necessidades, assim é e será. Deus não castiga nenhum de nós; nós é que nos castigamos pela ignorância ou pelo uso indevido da mente. Usemos a mente (oremos) e sigamos Suas orientações pela intuição, pela imaginação e pelo nosso guia interior. Apenas duas causas podem dificultar o uso adequado da mente e o recebimento de suas orientações:

> - excesso de estresse e de excitação (falta de relaxamento), que pode nos incapacitar para reconhecer os sinais que a mente nos envia;

> falta de fé nos efeitos que a mente pode proporcionar, o que tira nossos pensamentos da sintonia com nossos objetivos de vida.

TEMOS DE FAZER NOSSA PARTE...

Mesmo sabendo que a medicina cada vez mais reconhece que a cura é, de fato, uma autocura, é preciso ter consciência de que existem requisitos imprescindíveis para a manutenção do nosso equilíbrio orgânico, assim como para facilitar a ação da mente nos processos de prevenção e recuperação de doenças.

Até bem pouco tempo, os médicos se concentravam apenas naquilo que seus sentidos detectavam e que seus instrumentos indicavam, talvez porque a medicina primitiva limitava o diagnóstico somente ao corpo. Hoje, porém, já se admitem causas psicossomáticas, pois existe uma inter-relação mente-corpo-mente, que inclui o sistema imunológico. Cabe, pois, ao paciente complementar sua ação curadora libertando-se de pensamentos e sentimentos negativos, e aplicando as técnicas de uso da mente no processo de recuperação.

É preciso ter consciência de que toda cura, quando limitada às ações físico-químicas no corpo, não passa de um simples tratamento dos efeitos, e não das causas reais das doenças.

Já foi demonstrado que sentimentos negativos de ódio, tristeza, raiva, preocupação, estresse, medo, angústia, depressão e ressentimento enfraquecem o sistema imunológico e facilitam a manifestação de doenças. E quando se pensa na cura, o primeiro e mais importante fator a se considerar é a vontade do paciente em, de fato, ser curado. Ele precisa afastar de sua mente certos pensamentos que bloqueiam a cura, como:

a) certeza mental de que essa doença é incurável,
b) crença de que a palavra do médico é a verdade, se este o tiver desenganado;
c) ideias sobre estar cansado de viver;
d) certeza de que os remédios e a cirurgia não vão resolver;
e) crença de que merece a doença pelos pecados que cometeu;

f) necessidade de chamar a atenção por meio da doença;
g) utilização da doença como fuga de algum fato indesejável de sua vida, etc.

O doente deve ser conscientizado de que não existem doenças que a própria mente não possa curar. O que existe são pessoas incuráveis. "Àquele que crê, tudo é possível", como nos afirmou Jesus.

Muitos profissionais citam numerosos exemplos de sucesso, como os drs. Gerald Epstein e Bernie Siegel, que atribuem as curas de seus pacientes à utilização de imagens mentais. E eles se referem a doenças como câncer de fígado, artrite, carcinomas de mama, casos de desenvolvimento excessivo da próstata, doenças cardiovasculares, cistos no aparelho reprodutor feminino, hemorroidas, tumores cerebrais, inflamações nos olhos, erupções cutâneas diversas, e tantas outras.

Da mesma forma que para a cura de doenças do corpo físico a mente é fator imprescindível, também para outros aspectos da vida humana, tais como: busca da prosperidade, desenvolvimento profissional, definição de conflitos, implantação da boa convivência, solução de problemas, eliminação de medos e de vícios, escolha de alternativas a adotar, maneira de se suportar melhor situações de desconforto enquanto a solução definitiva não ocorre, e até mesmo para se encontrar objetos perdidos, ou compradores para artigos que se queira vender. Enfim, a mente é útil para todas as etapas de nossa busca pela felicidade.

Mas, se quisermos modificar nossa vida, abandonar o velho "eu", ganhar ideias novas, caminhar por percursos que de fato nos levem a um verdadeiro bem-estar de qualidade insuperável, precisamos iniciar um sério trabalho no controle de nossas emoções para que possamos abandonar, com extrema coragem e perseverança, aqueles sentimentos que tanto mal nos proporcionam: ódio, raiva, ressentimento, angústia, ciúmes, temor, melancolia e egoísmo. E, ao mesmo tempo, precisamos nos empenhar na busca da alegria, da compreensão, da paz, do amor, da generosidade... e da felicidade.

Para termos sucesso no controle das emoções, devemos policiar nossos pensamentos e nossas imagens mentais, substituindo o ódio pelo amor, a tristeza pela alegria, o conflito pela harmonia, o egoísmo pela generosidade e o orgulho exagerado pela humildade, por meio de um trabalho mental permanente e consciente. A perseverança e a fé são elementos fundamentais, pois, enquanto não adquirirmos os hábitos sadios que desejamos, teremos de nos esforçar bastante para superar as reações automáticas a que estamos habituados.

PLANEJAMENTO DE VIDA

Prepare-se para uma nova fase em sua vida.
Medite sobre seu planejamento de vida ideal: uma vida de paz e de felicidade. Questione-se sobre estes pontos:

- ➤ O que mais gosto de fazer?
- ➤ O que realmente é importante para mim?
- ➤ Qual é o tipo de trabalho que mais me atrai?
- ➤ O que sei fazer melhor?
- ➤ Quais as metas que desejo alcançar em uma primeira fase de minha vida? E depois?

Pense nas respostas que você deu a essas perguntas e comece a agir. Uma vida de sucesso e muito feliz está começando a partir de agora.

Esqueça-se das coisas ruins do passado. Busque a ampliação de sua autoestima e passe a se sentir muito melhor. Sua mente está apenas aguardando para começar uma nova caminhada. Mas comece hoje, neste momento. Viva intensamente cada minuto, com a atenção sempre voltada para o que tiver planejado e para as metas que tiver idealizado.

Tenha amor em sua vida. Irradie amor. Somente ele já cura muitas doenças da mente e do corpo. Mantenha a alegria em seu coração, pois a tristeza encurta a vida. Busque coisas que o façam rir, pois o riso inibe a produção de adrenalina e de cortisol que, como já se sabe, reduzem a ação de nosso sistema imunológico (a raiva e a angústia, por outro lado, induzem a produção desses elementos). O riso frequente corresponde a um bom exercício físico, reduz o colesterol, acalma o sistema nervoso, reduz a insônia, desvanece as preocupações, diminui a possibilidade de doenças ligadas ao estresse e à depressão e produz um imenso bem--estar.

Seja otimista.
Tenha como aliado o bom humor e seja feliz!

"Se o povo tiver razão para acreditar
que está marchando para um futuro melhor,
poderá remover montanhas.
Não tendo essa esperança, ficará estagnado
e perderá sua energia."

ERICH FROMM

"Eficiência é fazer bem feito.
Eficácia é fazer o que deve ser feito.
O sucesso completo acontece quando
fazemos a coisa certa, da melhor maneira possível."

CAPÍTULO 4

HOLISMO E SAÚDE, A CURA PELO PODER DA MENTE

Já vimos que tanto a doença física quanto a psicológica podem ser curadas através do uso apropriado da mente. Para nos prepararmos adequadamente para isso, é fundamental começar com uma ideia precisa do conceito de saúde, que envolve separadamente ou em conjunto os setores físico, mental, social e ambiental de nossa vida. As causas e os sintomas de desvios da condição saudável necessitam, obrigatoriamente, de uma análise correta e cuidadosa.

O estresse, por exemplo, tão comum nos dias de hoje, é uma perturbação do organismo que decorre de fatores socioambientais. Ele pode ter início com um fenômeno transitório normal, causado por uma eventual ameaça ou por uma inesperada e significativa mudança ocorrida na vida, ou, ao contrário, quando um forte estímulo positivo se acerca subitamente de nós. Com a continuidade desses estímulos, o estresse se prolonga e influi negativamente em nosso sistema imunológico, trazendo como consequência o surgimento de doenças, dentre as quais se destacam as que atualmente mais são diagnosticadas como causadoras da morte.

Mas não nos esqueçamos nunca de que a doença e a cura dependem sobretudo da mente. Hoje, a medicina adquire cada vez mais consciência de que as doenças são originadas pelo envolvimento interligado do corpo e da mente. Doenças mentais, que se destacam pelas origens psicológicas predominantes, também podem ter causas e sintomas físicos. Por outro lado, doenças físicas são decisivamente influenciadas pelos aspectos mentais, tanto em suas origens como em seus sintomas.

Dessa forma, as causas das doenças são sempre prioritariamente mentais, podendo ou não se combinar com fatores físicos internos ou externos ao nosso corpo. Da mesma forma, e como decorrência, a cura é devida aos aspectos mentais, podendo ser ajudada e/ou ter seus sintomas atenuados, parcial ou totalmente, por tratamentos da medicina biológica.

A mais clara demonstração de cura causada pela firme convicção do paciente em sua viabilidade é o efeito do placebo. Placebo, como se sabe, é um produto inócuo, mas o paciente pensa que está recebendo um medicamento eficiente para sua doença e, com isso, cria uma atitude positiva em relação ao seu efeito.

Diversas pesquisas, incluindo uma extensa variedade de problemas médicos, demonstraram, em passado recente, que mais de um terço dos pacientes que receberam placebo se curou apenas por acreditar que estavam recebendo um remédio poderoso. E, mais recentemente, pesquisas mostraram que esses números podem ser ainda mais expressivos.

> Se os pacientes envolvidos nas pesquisas médicas estavam recebendo um produto inócuo, o que proporcionava a cura?
> A cura se dava pela firme crença de que o "medicamento" tomado era suficiente. Este foi o remédio: a firme crença dos pacientes.

Diante da crença na eficiência do "remédio", o organismo, sob a influência da mente, restaurou o equilíbrio do corpo e reativou o sistema imunológico usando os mesmos percursos corpóreos, mas em sentido inverso ao utilizado quando do estabelecimento da doença. O efeito do placebo, apesar da forma simplória dos experimentos, demonstra a eficiência do poder da mente na cura de doenças, mesmo em circunstâncias distantes das que seriam ideais, como iremos descrever ao longo deste livro.

AS TRÊS ETAPAS DO PROCESSO DE CURA

1 – Não ter medo da doença e querer se recuperar.

2 – Conscientizar-se de que a doença foi originada por pensamentos negativos que não existem mais e, portanto, não têm mais energia para continuar sustentando o estado de doença que se instalou no organismo.

3 – Ter consciência do poder infinito da mente e ter fé que esse poder infinito conduz à cura.

Apenas essas três considerações já são suficientes para interromper de imediato a produção de toxinas mentais causadoras do mal.

Por outro lado, não se pode esquecer de que o medo do fracasso atrai fracasso e o da doença atrai doença. Pensamentos sistemáticos sobre algo indesejado constituem sempre uma fonte daquilo que não queremos. É preciso ter coragem de rejeitar com firmeza esse tipo de pensamento, forçando o consciente a direcionar-se para o lado positivo e desejado.

OS EFEITOS E OS SINTOMAS DO ESTRESSE

Inúmeros estudos realizados a respeito do estresse, a epidemia dos tempos modernos, têm demonstrado que ele produz fortes alterações bioquímicas no corpo humano, com importante enfraquecimento do sistema imunológico, abrindo brechas para o surgimento de doenças que estavam à espera exatamente disso. Estamos falando de desequilíbrios do sistema nervoso, resfriados, desorganização hormonal tanto da mulher quanto do homem, doenças respiratórias e cardiovasculares, obesidade, precipitação do diabetes, câncer, AVCs, insônias e depressões.

São inúmeros os fatores estressantes que nos acontecem com relativa frequência e geram tensões. Podemos citar, por exemplo, divórcios, morte de pessoas queridas, demissões, acidentes, dificuldades financeiras, gravidez, matrimônio, aposentadoria, prêmios lotéricos, etc.

Acontecimentos como os descritos, bons ou ruins, exigem muito do organismo para ser superados. Quando acontecem de forma continuada, provocam um grau de exaustão tão grande que o organismo não tem tempo de se recuperar de um esforço antes de iniciar outro e, com isso, ocorre um desequilíbrio, que é o estresse.

Os sintomas de estresse que antecedem as doenças são bastante comuns na maioria das pessoas. Dentre os mais importantes, podemos relacionar os seguintes: cansaço exagerado e contínuo, falta de vontade para tudo, sensação de fraqueza, dificuldade de coordenar pensamentos, perda parcial da memória e sentimento de impotência em geral.

Sem qualquer dúvida, o estresse representa uma desarmonia funcional do organismo, que pode se agravar a ponto de levar à morte. É importante que se tenha consciência de suas causas, sintomas e efeitos para que se possa buscar uma nova filosofia de vida mais harmoniosa, que atenue as consequências do estresse e conduza à felicidade.

Hoje em dia, a competição generalizada que se vê no mundo pressupõe competidores, e até inimigos, com maior ou menor grau de ferocidade e, portanto, com maior ou menor grau de ira e hostilidade, que são sentimentos extremamente nocivos ao nosso organismo, como já dissemos antes.

Para superar esses aspectos negativos, é preciso direcionar a mente para a tranquilidade, a alegria, o bom humor, a tolerância, o sucesso, o otimismo, assim como para objetivos claros, que nos tragam prazer. É importante praticar o relaxamento e mentalizar com frequência esses sentimentos que nos orientarão para a autoestima e para a felicidade.

Outras atitudes que ajudam a prevenir o estresse são: férias periódicas obrigatórias, momentos de lazer, viagens, senso de humor, sexo saudável, convívio com amigos e familiares, esporte, dança, desfrute da natureza. Ao adotarmos esses compromissos, encurtamos o caminho para a felicidade.

COMO DIZER NÃO À DEPRESSÃO

A depressão é outro mal de nossos dias que tantos malefícios tem causado aos seres humanos. Estima-se que no Brasil existam de 10 milhões a 15 milhões de pessoas sofrendo de depressão grave.

Na realidade, a depressão se instala quando a pessoa não se preocupa em afastar de sua vida sentimentos de mágoa, angústia ou remorso que podem ter sido gerados por algum evento desagradável, doloroso ou injusto do passado. E, afinal, o passado nem existe mais...

Diante da total falta de sentido em guardar as dores do passado, a depressão, do ponto de vista estritamente racional, torna-se incompreensível e revela a perda de um grande e precioso tempo de vida.

Quando se sentir deprimido, olhe para o que Deus nos oferece!

Medite na imensidão do Universo e nas maravilhas que nos cercam e tenha consciência de que a depressão só traz prejuízos; de que ela se deve exclusivamente a uma insistência equivocada.

Quem, eventualmente, lhe tiver feito algum mal não deve mais fazer parte de seus pensamentos atuais.
Siga adiante e descarte de vez o passado.

A cura da depressão só depende de nós, pois é devida a um estado mental. Assim, pois, a recuperação é possível pela conversa com pessoas positivas e incentivadoras, pela leitura de livros de autoajuda e respectivo uso de seus ensinamentos, pela utilização do poder da mente subconsciente, pelo estímulo da fé religiosa e pelo apoio de profissionais competentes. Mas, sempre, a base da cura está na mente do paciente.

O uso do relaxamento e da afirmação de pensamentos positivos, como "*Eu sou feliz*", de forma repetida e várias vezes ao dia, é de grande ajuda. É preciso ter fé, pois a mente subconsciente é capaz de curar. Em caso de dificuldades de concentração, reforço a possibilidade de utilizar CDs ou as antigas fitas cassete específicas. Também é útil adotar o hábito saudável de realizar caminhadas até se sentir cansado, assim como ter o riso e o bom humor como práticas constantes na vida.

MINHA EXPERIÊNCIA

Somos, em maior ou menor intensidade, como São Tomé: precisamos ver para crer. Para nos convencermos de determinados conceitos, necessitamos, muitas vezes, de comprovações práticas. Por esse motivo, após assimilar os conhecimentos contidos neste livro, é importante assumir a responsabilidade humana e social de testar pessoalmente e com seriedade as técnicas aqui apresentadas. Com toda certeza, após o sucesso que seguramente acontecerá, você, leitor, passará a fazer parte do grupo de homens e mulheres que, já há algum tempo, estão se desenvolvendo para tornar a vida sobre a Terra mais feliz.

Da mesma forma, passei com sucesso por uma comprovação pessoal. Vivi longos anos de minha vida sofrendo de uma doença tida como incurável por nossa medicina convencional, cujos dolorosos efeitos ou sintomas apenas podiam ser atenuados com o uso de potentes medicamentos. Eu sofria de artrite psoriática, que me impedia de realizar práticas esportivas, de carregar qualquer objeto um pouco mais pesado, de realizar movimentos mais rápidos, enfim, de levar a vida que anteriormente levava. Felizmente, a doença afetou apenas meus ombros e cotovelos, mas seus efeitos eram sofridamente dolorosos nessas partes de meu corpo.

Decidi, então, acrescentar ao meu tratamento os procedimentos que já conhecia, os quais tinha adquirido e aprimorado ao longo do tempo, em todos os contatos que mantive com pessoas que me permitiram um desenvolvimento da consciência, como mencionei no prefácio deste livro.

Sendo assim, adotei a técnica da *"mensagem ilustrada"*, a que já me referi anteriormente e que será mais detalhada adiante, para buscar um resultado positivo. O importante é que acreditei com firmeza nos efeitos benéficos que adviriam do procedimento e passei a aplicá-lo com perseverança. Ao final de cerca de 25 dias de prática repetida e sistemática, o terrível sofrimento que me acompanhava havia vários anos começou a melhorar: tive a redução dos efeitos da artrite e, além disso, as dores passaram a se limitar apenas aos cotovelos, e de forma muito mais atenuada. Minha mente subconsciente agira no sentido de diminuir as dores que me afligiam, e isso me permitiu dar alguns passos a mais em direção à felicidade.

Tendo comprovado o sucesso da técnica, pude dar mais ênfase a outro aspecto de minha convicção: a necessidade de dividir com mais pessoas os meios para obter tais benefícios. Passei, assim, a trabalhar no aprimoramento dos procedimentos e, ao longo de mais alguns anos, pude recomendá-los a parentes, amigos e conhecidos. Os efeitos foram encorajadores e benéficos a todos os que acreditaram no processo.

A MENTE SUBCONSCIENTE EM AÇÃO...
A "MENSAGEM AFIRMATIVA"

Os inúmeros casos de cura pela mente ocorridos no mundo todo são mais que suficientes para demonstrar a eficiência inequívoca do processo apresentado a seguir.

Para trabalhar com a *"mensagem afirmativa"*, **é preciso**:

➢ estabelecer uma mensagem adequada para ser transmitida ao subconsciente, o que deve ser feito de forma afirmativa e com fé no resultado;

➢ reservar de dois a seis horários diferentes do dia para a prática da mensagem afirmativa, incluindo, de preferência, a noite, antes de dormir, e a manhã, ao acordar;

➢ em cada horário, antes de fazer as afirmações, colocar-se em estado de relaxamento, preferencialmente completo, ou seja, em estágio *alfa*;

➢ repetir a mensagem de 5 a 25 vezes em cada horário, no qual o procedimento deve levar cerca de três minutos, no mínimo, indo até 15 minutos, quando assim for requerido;

➢ repetir todo o procedimento pelo número necessário de dias, de acordo com o caso.

Evidentemente, o ideal seria fazer um relaxamento completo em cada horário; porém, como isso nem sempre é compatível com o ritmo da vida diária, alternativas simplificadas de relaxamento podem ser utilizadas.

O número de repetições da mensagem varia de acordo com a gravidade da doença e a disponibilidade do paciente.

Para se valer dos benefícios dessa técnica, é fundamental iniciar o processo e prosseguir com perseverança até a obtenção do resultado desejado.

A AUTOCURA DE UM CÂNCER DE PULMÃO

Um exemplo, dentre os muitíssimos casos de cura realizada pela mente, é o de um paciente de São Paulo, que tinha câncer de pulmão e se encontrava bastante deprimido, inclusive porque já lhe haviam informado que a percentagem de casos de cura dessa doença é muito baixa. Ele vinha se submetendo a um sofrido tratamento de quimioterapia e decidiu trabalhar, paralelamente, com sua mente. Para tanto, foi-lhe recomendado que adotasse a seguinte mensagem: "Minha mente subconsciente, que tem Sabedoria Infinita, dispõe do poder de me curar, pois foi ela que criou cada parte de meu corpo. Agradeço pela correção que está acontecendo neste momento, em cada célula defeituosa de meu organismo, o que o torna perfeitamente são". Ele repetia 20 vezes essa mensagem, três vezes ao dia, inclusive antes de dormir e ao acordar.

Ao final de quatro meses, constatou-se o desaparecimento do tumor maligno.

A mensagem deve ser sempre afirmativa, garantindo a realização do efeito esperado e induzindo o subconsciente a ter total certeza de que a mensagem que está recebendo do consciente é verdadeira. Quando isso acontece, cabe ao subconsciente dar continuidade a um processo já iniciado. É uma maneira bastante recomendável de enunciar a mensagem, pois mostra que se acredita estar, e continuar, recebendo o pretendido.

Formular uma "mensagem afirmativa" **equivale a afirmar, no presente, que o desejo já foi atendido no passado. Portanto, seja em caso de autocura ou em qualquer outro processo, frases como as exemplificadas a seguir devem ser adotadas:**

- Estou curado.
- Estou me sentindo muito bem.
- Estou livre desse hábito.
- Sinto-me em perfeita harmonia e paz.
- Tudo se resolveu de acordo com a vontade divina.
- Obrigado, meu Deus, pela riqueza que tenho.

Esse procedimento é conhecido como *"mensagem afirmativa"*.

PARALISIA SUPERADA PELA AUTOCURA

Um conhecido do passado, que chamarei de Chief Adesegun, e que viveu toda a sua vida em Lagos, na Nigéria, sofria de uma paralisia inesperada nas pernas que não lhe permitia caminhar. Muitas vezes, estava na casa de um amigo, ou caminhando pela rua, ou em qualquer outra atividade, quando a paralisia o acometia e lhe trazia transtornos muito desagradáveis. A busca da causa da doença foi prolongada e sem resultado prático. Quando surgia o problema, que se tornava cada vez mais frequente, a única coisa que fazia era tomar um medicamento paliativo, receitado por seu médico, que minorava seus sintomas.

Em uma tarde de domingo, quando conversávamos em sua casa, ele se viu constrangedora e intempestivamente impedido de se levantar, para me servir um refrigerante.

Foi assim que tomei conhecimento de seu problema, que, em seguida, me foi relatado em mais detalhes.

Eu sabia que ele havia combatido na Guerra de Biafra, mas, até aquele dia, não tinha noção de como havia sido sua participação. Coincidentemente, falávamos sobre isso quando os sintomas surgiram. Por isso mesmo, e achando que poderia ter alguma relação com o problema, conduzi de novo a conversa para o assunto. Ele relatou-me cenas de uma violência desmedida, das quais participara como militar em combate. Contou-me do intenso ódio que sentia por seu superior hierárquico, que conduzira inúmeros processos de tortura a prisioneiros de forma impiedosa e o obrigava efetivamente a participar deles; falou-me também do profundo sentimento de remorso e culpa que o remoíam intimamente a ponto de não conseguir sequer pensar em se perdoar por tudo aquilo.

Conversamos muito sobre o uso da mente infinita e ele sensibilizou-se com o tema. Imbuiu-se, então, da ideia de trabalhar mentalmente para sua recuperação.

Passou a entrar em relaxamento quatro vezes por dia. Em cada uma delas, imaginava-se andando sem parar e sem ser interrompido por um novo ataque de paralisia e, em seguida, enviava esta mensagem ao seu subconsciente: "Sinto-me completamente perdoado pelos pensamentos e sentimentos negativos que tenho abrigado em minha mente. Tenho plena convicção de que a Sabedoria Infinita que habita meu ser está ciente dos detalhes de minha vida passada e cuida para que aqueles com quem tive contato estejam em plena felicidade. Pela presença constante de Deus em meu ser, sinto-me cada vez melhor, em harmonia e tranquilidade, e inteiramente livre do passado".

Seus ataques de paralisia foram se tornando cada vez mais esparsos e, passados 47 dias do início de seu trabalho mental, aconteceu o último problema em suas pernas. Desde então, ele passou a se sentir outro, com um bem-estar que não havia experimentado nos seus últimos anos de vida.

SUA MENTE O TIROU DO COMA

Há vários anos, na Índia, conheci um senhor que chamarei de Shiv, uma pessoa de bem, honesta, culta e bastante confiável.

Tive inúmeros contatos com Shiv, nos quais sempre conversamos sobre o poder da mente, assunto do qual ele constantemente faz uso. O caso que ele conta merece ser mencionado aqui, por sua eloquência mental.

Shiv foi a um hospital visitar um amigo que se encontrava muito mal, em estado de coma, e com alguns dos órgãos já funcionando com bastante deficiência. O médico que o assistia foi muito claro ao explicitar que só restava orar a Deus.

Ao se aproximar do leito do amigo e sabendo que ele era um fervoroso adepto do Budismo, Shiv sussurrou-lhe pausadamente, repetidas vezes e com convicção: "O Buda está aqui conosco fazendo mensagens de prece para sua recuperação".

Shiv, de fato, se comunicou com a mente subconsciente do paciente, que, por sua vez, adotou, sem contestação, aquela afirmativa como verdadeira. Isso fez com que a mente do enfermo atuasse em seu organismo, até então prostrado em uma cama de hospital, e algum tempo depois ele abriu os olhos e disse aos presentes que tinha recebido a visita do Buda, que ali havia estado para curá-lo.

UMA PESSOA QUE SE VIU LIVRE DA ENDOMETRIOSE

Outro exemplo de cura realizada pela mente, com o uso da "mensagem afirmativa", foi o daquela senhora que deveria ser operada imediatamente de endometriose, mas decidiu realizar a autocura pelo poder da mente.

Duas vezes ao dia, ao acordar e antes de dormir, dizia para si mesma: "Estou bem, muito bem, completamente curada". E, ao mesmo tempo, mentalizava a área afetada já sem qualquer problema.

Progressivamente, os sintomas da doença foram deixando de incomodá-la. Três anos depois, e sem ter feito a cirurgia recomendada por seu médico, ela entrou na menopausa e consequentemente se viu livre definitivamente de qualquer risco da doença.

A CURA A DISTÂNCIA

Outra verdade que não se deve esquecer é que também podemos usar o poder da mente em benefício de nossos parentes ou amigos, mesmo distantes. Basta que, na mensagem, façamos a menção à pessoa que desejamos atender com nossa mente. Se alguém, por exemplo, está vivendo um período de angústia pela proximidade de uma experiência preocupante, como uma intervenção cirúrgica, podemos trabalhar afirmativamente com a seguinte mensagem:

"[Nome da pessoa] está tranquilo. Ele está preparado e recebendo os efeitos da cura, que recuperam sua saúde."

No âmbito da cura holística, o objetivo de uma cirurgia é realizar a desobstrução física para que a cura pela mente possa se realizar. Então, quando uma cirurgia tiver de ser feita, é importante ter a mente tranquila e preparada para fazer sua parte.

O especialista em cura mental e espiritual precisa deixar claro para o paciente que sua doença se deve à utilização incorreta de seus próprios pensamentos conscientes, assim como aos medos infundados e crenças irreais que habitam seu subconsciente. A doença é consequência de imagens mentais distorcidas que se refletem no corpo físico; não se trata de uma causa externa ao organismo. A forma geral de cura, então, é a superação de medos e a mudança de crenças, além da vigilância dos pensamentos conscientes.

Para introduzir a mente nos conceitos deste livro, uma técnica é adotar os procedimentos que ele sugere para questões mais simples, como no caso de uma dor de cabeça, por exemplo. Nesse caso, deve-se fechar os olhos, concentrar-se na mente e dizer a si mesmo, várias vezes: "A dor de cabeça está passando, está passando, está passando".

Não se esqueça, porém, de que a dor de cabeça é um sintoma e que a causa não estará, obrigatoriamente, sendo superada pelo fato de a dor ser aliviada. A cura deve sempre ser voltada para a causa.

A "MENSAGEM ILUSTRADA"

Outra técnica utilizada com bastante sucesso nos processos de autocura é a visualização do resultado desejado. Por meio dela, em vez de enviar uma mensagem verbal, na forma de instrução, à mente subconsciente, imagina-se um conjunto completo de cenas que poderiam ser vividas caso não se estivesse impedido pela doença. Nesse caso, o conteúdo da mensagem deixa de ser verbal e passa a ser visual, de modo que o subconsciente recebe uma *"mensagem ilustrada"*.

As orientações quanto ao relaxamento e à repetição em diversos horários do dia, requisitos necessários, são as mesmas anteriormente fornecidas para a *"mensagem afirmativa"*.

UM CICLISTA QUE ACELEROU SUA CURA

Este é o caso de um atleta espanhol que, repentinamente, foi acometido por uma forma de paralisia orgânica e se viu impedido de continuar competindo como ciclista.

A medicina biológica recomendava um tratamento fisioterápico bastante prolongado, que poderia se estender por vários meses. Tendo, porém, tomado conhecimento da cura pela mente em uma palestra a que assistira, ele decidiu experimentá-la. Assim, adotou a técnica da "ilustração" paralelamente ao tratamento que já vinha realizando.

Duas vezes ao dia, em estado de relaxamento, ele enviava ao seu subconsciente uma "mensagem ilustrada", na qual se imaginava montando em sua bicicleta e percorrendo ruas e avenidas, entrando por atalhos, sempre pedalando forte, subindo elevações e participando de competições ciclísticas.

Ao final de três semanas, voltou ao médico, que, ao examiná-lo, se impressionou pela recuperação ter-se dado em tão curto espaço de tempo.

A SUPERAÇÃO DE UMA CATARATA

Um homem com catarata na vista esquerda e cuja acuidade visual se reduzia progressivamente ia ser submetido a uma cirurgia, na tentativa de resolver o problema. Contudo, como temia quanto ao sucesso da operação, pois desde bem pequeno tinha cegueira total na vista direita, ele postergava o quanto podia a realização da mesma.

Certo dia tomou conhecimento do poder de cura da mente e decidiu se curar. Adotou a "mensagem ilustrada".

Três a quatro vezes por dia, trancava-se em seu quarto, deitava--se na cama, relaxava e começava a imaginar-se vendo tudo perfeitamente com a vista esquerda. Imaginava-se lendo livros, vendo televisão, contemplando cenários lindos que conhecia. A cada vez, ele permanecia de 10 a 15 minutos imaginando-se com visão perfeita no olho afetado.

Cerca de vinte dias depois, já sentiu alguma melhora. Continuou perseverante durante mais quatro meses, ao final dos quais notou que o processo havia regredido e que tinha recuperado boa parte da visão. Consultou seu oftalmologista, e este, surpreso, confirmou o que ele já sabia e a possibilidade de postergar a cirurgia.

UM REIMPLANTE DE SUCESSO

Há ainda outro caso de "mensagem ilustrada" que merece ser citado pelo seu significado: é o de uma mãe ciente de que o órgão que estava sendo reimplantado cirurgicamente em seu filho, somente poderia realmente ser novamente incorporado ao organismo, com plenas funções, se sua circulação sanguínea se processasse de forma natural.

O assunto era urgente pois, se tal circulação não ocorresse de imediato, o órgão estaria perdido pela necrose.

Após a cirurgia, essa mãe permaneceu ao lado do filho imaginando o sangue que circulava pelas artérias e veias do órgão reimplantado que, dessa forma, mantinha sua coloração normal e seu funcionamento perfeito. Durante toda a noite, ela sustentou essa visualização.

Pela manhã, ao acordar, o filho lhe disse que estava sentindo normalmente o órgão, mas tinha a sensação de estar molhado. Chamada pela mãe, a enfermeira constatou que a circulação havia sido tão intensa que chegou a provocar pequena hemorragia externa no local da incisão.

Exames mais apurados, com instrumentos auditivos, constataram que a circulação se processava com normalidade. A recuperação foi total. A perícia do cirurgião teria sido apoiada pela dedicação da mãe influenciando a mente do filho.

A "MENSAGEM DE PRECE" NA CURA

Um especialista no processo psicossomático de cura sabe que o uso da *"prece"* tem causado em todo o mundo resultados excepcionais na cura de muitíssimos pacientes.

Ao utilizar esse processo, **deve-se mencionar o nome do paciente** e, ao mesmo tempo, pensar em Deus e em Seus atributos, tais como harmonia e sabedoria completas, amor infinito, inteligência ilimitada e perfeição. Essas são as qualidades divinas que, quando direcionadas a uma pessoa necessitada de cura, corrigem tudo o que estiver alterado em seu organismo e eliminam o que for indesejável. É como se poderosíssimas ondas eletromagnéticas atuassem diretamente no corpo do paciente. Na realidade, a prece estará gerando ondas de pensamento repletas de saúde e de felicidade que, ao serem recebidas pelo paciente, vão diretamente à sua mente, dando início ao processo de autocura.

UMA CURA DE DEPRESSÃO A DISTÂNCIA

Um exemplo bem-sucedido do uso da "mensagem de prece" é o caso de um senhor que vive no Rio de Janeiro e que, em determinado período de sua vida, foi acometido por uma seríssima depressão.

A medicação adequada já lhe havia sido receitada, mas o médico estimava que a recuperação demoraria, pelo menos, seis meses para acontecer. A situação era grave.

Preocupado, o filho desse senhor, que vivia em outra cidade, decidiu enviar "mensagens de prece" ao pai, mas não lhe avisou que o faria. Assim, duas vezes ao dia, de manhã e à noite, ele repetia três vezes a seguinte mensagem:

> "Meu pai (nome da pessoa) tem seu organismo em plena recuperação. Ele está saudável e feliz, graças à ação de Deus, com Seu amor infinito e Sua sabedoria ilimitada".

Ao final de uma semana, aquele senhor teve uma grande melhora e demonstrava claramente uma acentuada diferença em seu estado geral. Passados mais cinco dias, ele se recuperou totalmente, surpreendendo os parentes e o médico que o atendia.

PREPARAÇÃO A DISTÂNCIA PARA UM TRANSPLANTE

Igualmente bem-sucedido é o exemplo de uma senhora, em São Paulo, que via sua aflição aumentar à medida que se aproximava o momento de realizar uma cirurgia, absolutamente necessária, na qual ela teria o coração transplantado.

Seu filho, que vivia em uma cidade do Nordeste brasileiro, aproveitava o momento de oração no templo em que frequentava e, todas as tardes, realizava uma prece, juntamente com os demais frequentadores do templo, em favor de sua mãe. A mensagem enviada era a seguinte:

> "(Nome da pessoa) está calma, serena e perfeitamente apta a continuar melhorando sua saúde e seu bem-estar geral, submetendo-se, inclusive, a uma cirurgia que facilitará fisicamente sua cura total, pelo uso de sua mente infinita."

Passados poucos dias, aquela senhora passou a aceitar tranquilamente a intervenção que se aproximava e que aconteceu com pleno sucesso, cerca de um mês depois que seu filho iniciou o envio das mensagens.

Quando foi visitá-la após a cirurgia, o filho contou-lhe o que fizera e explicou detalhadamente o procedimento. Ela, então, passou a adotá-la durante a convalescença, o que ajudou a lhe proporcionar uma recuperação total, muito mais rapidamente do que a melhor expectativa dos médicos cirurgiões.

A INFLUÊNCIA POSITIVA DA RELIGIÃO

Todos os homens nascem com o poder da cura, já que a mente deles incorpora a sabedoria infinita de Deus.

As orações que numerosos fiéis, em todo o mundo, fazem a diferentes santos, assim como as peregrinações ou visitas a locais considerados sagrados por diversas religiões, têm proporcionado um número incalculável de curas.

Não há qualquer dúvida de que as curas são, de fato, realizadas pela mente subconsciente dos doentes; eles demonstram uma fé inabalável de que seus pedidos serão atendidos e, em consequência, curas são obtidas. Aliás, essa é mais uma forma concreta de demonstrar o poder efetivo da mente, pois todas as religiões têm citações volumosas de curas realizadas, independentemente de suas doutrinas. E o denominador comum a todas elas é a fé que os doentes tiveram de que seriam curados.

A história nos conta do poder exercido ao longo dos séculos por sacerdotes e deuses, bem como por curandeiros, xamãs, pajés e similares, com seus amuletos, talismãs e procedimentos. Um dos aspectos que lhes dava mais poder era exatamente as curas que realizavam. E eles usavam o poder da mente dos doentes, talvez até mesmo sem ter conhecimento de seu uso. O que fazia a diferença era, sem dúvida, a forte crença dos doentes de que aqueles procedimentos, assim como objetos e poções, os curariam. E assim já afirmava Jesus Cristo: *"Faça-se conforme vossa fé"*.

Inúmeras personalidades de destaque na história religiosa da humanidade valeram-se de técnicas psicossomáticas para a cura de doenças usando, inclusive, a "transmissão de energia" pela imposição de mãos sobre os doentes.

A PIRÂMIDE E A AUTOCURA

Existem vários procedimentos, além dos religiosos, que deixam claro que o poder da mente é o verdadeiro responsável pela cura. Um desses procedimentos utiliza o "poder da pirâmide", com o qual já foram realizadas inúmeras curas.

Um exemplo disso é o caso de uma senhora viúva, de 74 anos, que teve diagnosticado um câncer no estômago. Sofria com diversos sintomas desagradáveis, tais como enjoos, náuseas e dores. Acreditando que a pirâmide que possuía em sua casa tinha o poder de realizar verdadeiros milagres, ela passou a utilizá-la para a autocura. Assim, começou a entrar na pirâmide duas vezes por dia e lá fazia meditações, conscientizando-se de que estava se sentindo melhor, sem dores e curada. *Ela manteve essa rotina tanto antes quanto após a cirurgia e teve uma recuperação extraordinária; não foi detectada qualquer metástase e, ao final de algum tempo, foi constatada a cura completa.*

Essa senhora viveu até os 95 anos de idade, com saúde perfeita, lúcida, feliz, amorosa e sempre com muita fé no poder da pirâmide, da qual nunca deixou de fazer uso.

MENTE E CORPO – UM SÓ ORGANISMO

A doença é uma anormalidade, pois nosso corpo foi feito para ser saudável. O organismo físico não é frágil, por isso mesmo não é correta a tese de que se necessita estar permanentemente ministrando medicamentos para conservá-lo. Além disso, os átomos que o compõem são substituídos integralmente por outros anualmente, o que faz com que o corpo seja constantemente renovado. Por outro lado, a mente, com a qual normalmente pouco nos preocupamos, é que merece atenção especial contínua. Afinal, tudo decorre da mente – ela é nossa vida.

Sempre que nossos pensamentos se voltam para a tristeza e a angústia, a inveja e a raiva, o egoísmo e a vingança, o orgulho e os conflitos, nosso corpo é desajustado e, então, são criadas condições para a grande quantidade de doenças que nos afligem. Quando estamos em estado de harmonia, bondade, alegria e paz, a saúde vem naturalmente. Enfatizamos, então, que são as causas internas, e não externas, como muitas vezes acreditamos, que geram a maior parte das doenças. Assim, o ideal é cuidar prioritariamente da consciência mental sem, contudo, descuidar-se do corpo, pois é o conjunto constituído de mente e corpo que forma nosso ser.

Devemos limpar nossa mente das coisas ruins que aconteceram no passado e concentrar nossos pensamentos nos aspectos positivos da vida. Existem certas palavras cujo uso permanente energiza nosso ser e aumenta nosso bem-estar. Algumas dessas palavras são: Deus, alegria, bondade, compaixão, tolerância, amor, fé, harmonia, paz, riqueza, sucesso, felicidade, etc.

Em resumo, podemos dizer que, hoje em dia, estão sendo utilizadas inúmeras práticas com o objetivo de curar:

- médicos costumam seguir a medicina biológica;
- paranormais valem-se de conhecimentos que, de alguma forma, chegam até eles;
- curandeiros têm seus rituais próprios;
- especialistas da medicina natural e homeopatas têm seus procedimentos específicos e diferentes da medicina convencional;
- certas religiões adotam outros processos de cura, como a imposição das mãos...

Além dessas práticas, muitas outras podem ser observadas. Todas são complementares, mas, em todas, o que de fato está agindo e curando a maior parte das doenças é a fé e o infinito poder da mente dos doentes.

Esses fenômenos, que hoje ganham cada vez mais defensores e cujos conhecimentos estão à disposição de todos para que possam melhorar sua vida, ficam sempre sujeitos a críticas, sobretudo dos que se sentem ameaçados por conceitos diferentes e que podem alterar o *status quo*. Afinal de contas, o ser humano sempre tem uma reação inicial a mudanças. Foi isso que levou vários povos antigos a sacrificar pessoas que traziam inovações aos conceitos de então.

A verdade é que podemos e devemos fazer uso dos dispositivos naturais da mente para melhorar a saúde tanto quanto os demais aspectos de nossa vida, sempre em direção à felicidade.

> "A imaginação é mais importante
> do que o conhecimento."
>
> (ALBERT EINSTEIN)

CAPÍTULO 5

NÃO BASTA VIVER... TAMBÉM É PRECISO SONHAR

O objetivo da vida deve ser alcançar e manter a felicidade, afastando os sofrimentos.

A felicidade depende de nosso estado mental, e não de fatores externos. Cada um de nós tem, normalmente, um patamar estável de felicidade, que, contudo, pode ter seu referencial de estabilidade alterado por determinadas circunstâncias importantes da vida. Com o trabalho da mente, é possível alterar voluntariamente esse referencial e mantê-lo estável. Involuntariamente, porém, nosso patamar de felicidade pode ser alterado de maneira positiva, quando situações bem-sucedidas nos acontecem, ou de maneira negativa, quando, por exemplo, uma tragédia nos deprime, mas nesses casos a alteração é temporária e, passado algum tempo, o patamar de felicidade volta ao que era.

O PATAMAR GENÉTICO DA FELICIDADE ... COMO ULTRAPASSÁ-LO?

O referencial básico de felicidade de cada pessoa tem, em princípio, origem genética e se manifesta desde o nascimento. Mas, ainda assim, é possível:

- trabalhar o subconsciente para aumentar o patamar habitual de felicidade concedido pela natureza, influindo positivamente nos fatores que nos tornam mais felizes;
- apreciar e agradecer o que já se tem, e desenvolver amizades compatíveis com nosso estilo de vida, mesmo quando não se tem tudo o que se deseja;
- atuar na otimização da saúde, que é um importante fator de felicidade;
- aumentar a disposição mental, que é um aspecto interessante para a felicidade. Para isso, é preciso minimizar os elementos que possam desequilibrar a harmonia da consciência.

Em resumo, e para que não reste nenhuma dúvida, a mente é e sempre será a ferramenta imprescindível para se alcançar a completa felicidade.

É preciso compreender, ou seja, é preciso *"desvendar a consciência"* para se chegar ao entendimento definitivo da influência de certos pensamentos na felicidade das pessoas. Como já citado anteriormente, raiva, ódio, ciúme, egoísmo e inveja, dentre outros sentimentos dessa natureza, desarticulam a harmonia mental e causam inúmeras doenças. São sentimentos que ampliam medos e hesitações, e que conduzem à solidão, como forma de evitar as hostilidades provenientes do mundo. Por outro lado, generosidade, amor, compaixão e tolerância ampliam significativamente estados mentais positivos.

A busca da felicidade deve ser uma constante em nossa vida, mesmo que, em alguns casos, seja um processo mais demorado pela necessidade de alterações importantes em nosso estado mental e em nossa saúde. Mas, sem dúvida alguma, vale a pena! É por isso que devemos ser persistentes em sua direção.

Conta-se que, na antiga Grécia, um dos discípulos de Sócrates perguntou-lhe o que poderia fazer para alcançar a sabedoria. O filósofo, sem responder, tomou o jovem pelas mãos e levou-o até um rio e entrou em suas águas. Em seguida, inesperadamente, empurrou a cabeça do discípulo para dentro da água e assim permaneceu até que o jovem começou a se debater para conseguir respirar. Nesse momento, Sócrates o soltou e observou a estupefação de seu discípulo. Esperou um pouco e, quando este se acalmou, perguntou-lhe qual tinha sido seu maior desejo enquanto estava com a cabeça sob a água. O jovem imediatamente respondeu que, naquele momento, somente queria respirar. O filósofo, então, disse-lhe que a sabedoria somente seria alcançada quando ele quisesse alcançá-la tanto quanto desejou respirar enquanto estava com a cabeça sob a água.

O *"desvendar da consciência"* merece a mesma observação feita pelo filósofo grego quanto à necessidade de uma profunda motivação interior. Se quisermos realmente obter resultados positivos que estão ao nosso alcance pelo trabalho da mente, temos de estar internamente motivados e providos de fé e perseverança. Com tais recursos, o resultado desejado será alcançado.

O QUE PODE IMPEDIR A REALIZAÇÃO DO QUE SE PRETENDE?

Como vimos antes, a fé e a perseverança, assim como o perfeito entendimento da mente, são alguns dos fatores cruciais para alguém alcançar seus objetivos. Sem entender o funcionamento da mente, sem uma quantidade suficiente de confiança e sem fazer o esforço necessário, dificilmente se consegue chegar lá!

Como se sabe, a mente subconsciente aceita como válidas as mensagens recebidas e, imediatamente, passa a executá-las, quer estas se refiram a realizações positivas ou a aspectos negativos. Pensamentos inadequados levam a mente a agir inadequadamente.

Por outro lado, não se pode pressionar a mente subconsciente a realizar determinadas ações. O uso indiscriminado e sem critério da hipnose, por exemplo, não é adequado para a comunicação com o subconsciente. A hipnose atua como uma espécie de coerção, que acaba gerando ansiedade, medo e, consequentemente, dúvida. O subconsciente, repetimos, age pela fé, que lhe transmite com exatidão as mensagens que desejamos. Por isso mesmo, pensamentos ou frases negativas, como "Este mundo não tem mais jeito...", ou "As coisas estão de mau a pior...", ou "Não há mais solução...", induzem nossa mente a reações inesperadamente negativas em relação aos nossos objetivos.

**O roteiro ideal para se buscar a solução
de um problema com o uso de nossa mente é o seguinte:**

- analisar e definir as causas do problema;
- transmiti-las, com segurança e confiança, ao subconsciente, a fim de que este busque a solução;
- aguardar que o subconsciente transmita a solução encontrada, totalmente convicto de que será a melhor.

Dúvidas enfraquecem a mensagem. Frases como "Gostaria de ser atendido...", ou "Vamos torcer para funcionar...", jamais devem ser utilizadas. A mensagem deve ser totalmente confiante e afirmativa. Lembre-se de que, no caso de desejos e imaginação conflitantes sobre a mesma coisa, a imaginação superará os desejos. A imaginação de uma posição contrária cria, de fato, uma oposição à realização dos desejos.

ENCONTRANDO A FELICIDADE COM A "MENSAGEM ILUSTRADA"

Ao partir em busca de resultados que possam levar à felicidade, é preciso afastar obstáculos e criar facilidades adicionais. Tanto no caso da cura, imprescindível ao nosso bem-estar, quanto na busca dos caminhos da felicidade, a *"mensagem ilustrada"* tem se mostrado uma poderosa ferramenta para corrigir rumos e facilitar a vida, colocando as pessoas mais próximas de seus objetivos.

PREPARAÇÃO DE ARTISTAS

A "mensagem ilustrada" tem sido usada com sucesso por artistas de teatro para assegurar apresentações de extraordinária qualidade, o que faz parte de sua busca de felicidade.

Algumas horas antes do espetáculo, o artista faz um relaxamento e imagina o que acontecerá em sua apresentação. Visualiza o público aplaudindo e, também, os detalhes de sua performance, tais como os textos memorizados, entonação de voz, gestos, agradecimentos, etc.

Ao receber esse tipo de mensagem, a mente subconsciente, em resposta, confere ao artista uma enorme tranquilidade, amplifica sua memória e provê os meios para que toda aquela visualização se transforme em realidade.

VENDA DE OBJETOS

A *"mensagem ilustrada"* também pode ser utilizada quando se pretende vender objetos de valor.

Uma vez definidos o preço e o texto do anúncio a ser divulgado, deve-se fazer um relaxamento, entrando em alfa, e visualizar o processo da venda: os argumentos utilizados, o diálogo com o comprador, detalhes adicionais e, inclusive, a própria reação de felicidade pela venda realizada.

A mente subconsciente sente a realidade e cuida até mesmo de atrair um comprador potencial, além de facilitar o sucesso da operação.

A JOVEM QUE ENCONTROU SEU NAMORADO

Esse é o caso de uma jovem que morava em Recife e que, por ser muito tímida, tinha dificuldade de conviver naturalmente com outros jovens e não conseguia encontrar um namorado. Contudo, ela desejava casar-se e ter filhos, como a maioria de suas amigas.

Depois de ter participado de um seminário de uso da mente, decidiu encontrar uma solução para seu problema. Primeiro, escreveu em uma folha de papel todos os nomes de rapazes de que se lembrava e guardou. Depois, passou a imaginar diariamente o dia de seu noivado: via-se recebendo o anel de seu noivo, após este ter feito o pedido formal de casamento. Em seguida, imaginava seu casamento em todos os detalhes, como se estivesse, realmente, acontecendo.

Cerca de um mês depois, encontrou um namorado maravilhoso, com quem se relacionava muito bem.

PREPARAÇÃO PARA O VESTIBULAR

Um estudante, filho de um amigo meu, que se preparava para o exame vestibular, queixava-se de que, mesmo estudando muito e dominando inúmeros assuntos, ficava tão nervoso e com tanto medo de errar durante os testes simulados, que se esquecia de detalhes importantes.

Conversei com ele, a pedido de seu pai, expliquei-lhe a origem de seu medo e propus-lhe que adotasse um procedimento simples: todas as noites, antes de dormir, e até que realizasse as provas definitivas, ele deveria fechar os olhos e imaginar seus pais e amigos cumprimentado-o pelo ingresso na faculdade desejada e pelas ótimas notas que conseguira.

Ele concordou e passou a fazer o que eu lhe sugerira, visualizando, inclusive, o momento de sua matrícula na faculdade. Assim, seu subconsciente entrou em funcionamento adequado, passou a influir em seu controle emocional e ele concretizou seu sonho.

SUPERANDO MEDOS

A "mensagem ilustrada" é extremamente útil para superar qualquer tipo de medo. A imaginação deve ser aplicada a cada caso, especificamente.

Se o medo for de água, por exemplo, deve-se imaginar ações compatíveis com a superação do medo, como se ver entrando em uma piscina, sentindo-se bem em contato com a água e nadando com desenvoltura.

Se o medo for de altura, pode-se imaginar um passeio no alto de uma montanha.

Se o medo for de avião, imaginar-se em segurança dentro de um avião, fazendo uma viagem tranquila.

Para cada tipo de medo, deve-se encontrar o estímulo positivo para superá-lo e utilizá-lo de acordo com a técnica da "mensagem ilustrada". Todos os medos podem ser superados, até mesmo o pior deles, que é o medo de ter medo.

BUSCANDO A FELICIDADE COM A "MENSAGEM AFIRMATIVA"

Com os exemplos a seguir expostos é possível ver claramente o efeito positivo da *"mensagem afirmativa"* na busca da felicidade.

AS AMEAÇAS PELO SEQUESTRO DO FILHO

Em desespero, um pai cujo filho fora sequestrado comunicou o fato à polícia. Ao final de uma série de diligências, e mesmo sem o pagamento de resgate, a polícia recuperou o rapaz; porém, nem todos os membros da quadrilha de sequestradores foram presos.

Desde então, aquele pai passou a receber telefonemas e mensagens pelo correio com ameaças de morte para ele e para seu filho.

Um amigo, que tinha participado de um curso sobre o uso otimizado da mente, recomendou-lhe que tentasse usar o poder da mente para se ver livre do problema.

Aquele pai aceitou a recomendação e, várias vezes ao dia, entrava em relaxamento e repetia sucessivamente, em pensamento, a seguinte mensagem:

"Este assunto está com Deus. Os sequestradores já não me afetam mais. Meu filho e eu estamos livres das ameaças. Que esses meus pensamentos sejam encaminhados de imediato à minha mente subconsciente, pois constituem a realidade."

Segundo relato desse pai, as ameaças cessaram após alguns dias.

O PRISIONEIRO QUE SE VIU LIVRE

Dentre os tantos casos de sucesso dessa técnica, vejamos o de um prisioneiro de guerra que estava para ser executado por um crime que não cometera.

Todas as noites, na prisão, antes de dormir, esse prisioneiro repetia para si mesmo:

"Estou livre do fuzilamento, pois sou parte de Deus. Por esse motivo, só me acontecerão coisas positivas."

Inesperadamente, foram descobertas as provas necessárias à sua inocência.

Ele então passou a se imaginar em liberdade e retornando ao lar, abraçando a mulher e os filhos; via-se em seu jardim e realizando tudo o que estava habituado a fazer antes de ser preso. Ao final de um novo julgamento, viu-se livre.

Vimos, neste caso, que o prisioneiro valeu-se das duas técnicas para a solução de seus problemas: a *"mensagem ilustrada"* e a *"mensagem afirmativa"*.

ACHANDO OBJETOS PERDIDOS

Com a "mensagem afirmativa" é possível utilizar a mente para encontrar objetos perdidos. Para tanto, deve-se fazer um relaxamento e pensar, com concentração e força:

"Onde deixei (identificar o objeto perdido)"?

Feito isso, a mente subconsciente se encarregará de, intuitivamente, mostrar o local onde se encontra o objeto procurado.

OUTROS SUCESSOS INDIVIDUAIS NA BUSCA DA FELICIDADE

O estado mental desempenha importante papel em nossas emoções e atitudes, tornando-nos mais ou menos felizes. Um conjunto de desejos satisfeitos facilita a manutenção da consciência voltada aos aspectos positivos da vida. Isso é assim porque, entre o bem-estar material e o espiritual, há uma interação; a realização de desejos e a solução de problemas da vida cotidiana contribuem para o aumento da harmonia e da serenidade mental.

Esta obra enfatiza a importância dos hábitos positivos para a obtenção da felicidade e mostra que a criação e o desenvolvimento de tais hábitos podem ser alcançados com um trabalho consciente da mente.

A seguir, analisaremos alguns aspectos importantes para a felicidade, tais como situação financeira, sucesso, família e profissão.

A SITUAÇÃO FINANCEIRA

Ao atravessar um eventual período de dificuldades financeiras, devemos buscar revertê-lo pela conscientização do uso da mente. É claro que ninguém se torna milionário com a simples sugestão mental de riqueza.

O que se pode e se deve fazer é eliminar eventuais vestígios de inveja e adquirir consciência de riqueza a partir da ideia de prosperidade. Isso pode ser feito da seguinte forma: repetir para si mesmo, durante cerca de cinco minutos, três vezes ao dia, as palavras "sucesso, prosperidade, riqueza", ou, simplesmente, "riqueza". **Na realidade, não se está dizendo que se é rico, mas se está criando no subconsciente a ideia de riqueza e, assim, a mente subconsciente usará seu poder para propiciar as condições requeridas ao sucesso no desempenho financeiro.** *E este virá com certeza.*

Afirmações como "Eu sou rico", por exemplo, podem acarretar dúvidas na mente consciente e isso pode gerar a falha do processo. Colocar a riqueza como único objetivo também é uma alternativa menos recomendável na busca da felicidade. Há certamente outras metas para se alcançar, como a busca da harmonia, da paz, da saúde, da compaixão e do interesse pelo bem-estar do próximo.

Da mesma forma, alimentar pensamentos de inveja ou de conflito em relação a pessoas mais bem-sucedidas do que nós é seguramente sinônimo de dificuldades pessoais. Além das reações adversas do subconsciente, nenhuma das pessoas invejadas ou criticadas estará, por isso mesmo, nos dedicando amizade ou apoiando nossos projetos.

O SUCESSO

Sucesso é fundamental para felicidade, mas se deve ter consciência de que o real significado do sucesso é vencer nos aspectos que consideramos importantes em nossa vida. Assim, o fator inicial para o sucesso é buscar fazer sempre aquilo de que se gosta.

O efetivo sucesso em algum projeto só é conquistado quando o realizarmos com verdadeira paixão, de forma inovadora e perfeita.

Quando não existe a certeza do que, de fato, se quer fazer, é possível usar a mente subconsciente como fonte de aconselhamento. Para tanto, deve-se enviar ao subconsciente, de forma repetida e tranquilamente, a mensagem: *"Quero saber meu lugar nesta vida"*.

Outro fator para o sucesso é dedicar-se, com vontade e perseverança, a ter um desempenho extraordinário naquilo que se gosta de fazer. É importante também assegurar-se de que a atividade desenvolvida será tão útil para si quanto para as demais pessoas envolvidas, beneficiando a todos, indistintamente. Muitos executivos bem-sucedidos da atualidade já se habituaram a repetir a palavra "sucesso" várias vezes ao dia.

DEFENDENDO-SE DE FLUIDOS NEGATIVOS

Quando sentimos que alguém nos está enviando fluidos negativos ou não nos trata com simpatia, precisamos reverter a situação. Para tanto, devemos mentalizar o rosto da pessoa, de forma envolvente e com muito amor, algumas vezes ao dia e durante dez dias, no mínimo. A reação da pessoa, a partir daí, se transformará positivamente.

**Se quiser ter sucesso,
prepare-se para enfrentar a inveja
dos que ainda não estão suficientemente
preparados para uma vida feliz.**

A FAMÍLIA

Ao mesmo tempo que se cuida da saúde e se busca a prosperidade e o sucesso para ser feliz, é preciso, também, cuidar da família.

O amor é a mola propulsora do mundo; é a própria razão de ser da existência humana. Nascemos por amor e vivemos buscando uma vida repleta de amor.

Quem tem amor dentro de si enxerga um mundo mais bonito e consegue ver bondade e esperança em cada coisa que contempla. Quem ama, sente a beleza do alvorecer e a nostalgia do anoitecer, sente-se irmanado com o luar refletido na praia, sente a ternura da chuva que cai, sente a beleza do céu pontilhado pelas estrelas... Enfim, vê o mundo por intermédio de um caleidoscópio de coisas belas em cada criação da natureza. Mas, antes de amar a Deus ou ao próximo, é preciso amar a si mesmo.

A ESCOLHA DA ESPOSA (OU DO MARIDO)

É em razão dessa conceituação de amor que acabamos de ver, que deve haver uma séria preocupação com o casamento, pois a escolha de uma companheira ou de um companheiro que possa nos acompanhar durante a vida é fundamental.

A mente subconsciente responde aos estímulos mais fortes e emocionais, mas não realiza qualquer análise crítica. Cabe, assim, à mente consciente selecionar os pensamentos que fluirão para o subconsciente, desconsiderando, naturalmente, fatores econômicos, posição social, tentações momentâneas e a simples beleza física.

As qualidades e virtudes ideais para cada pessoa na escolha de um cônjuge devem ser comunicadas ao subconsciente. Para isso, a técnica básica é praticamente a mesma que temos abordado extensamente:

➢ Antes de dormir, sentar-se em uma cadeira confortável e relaxar para entrar em alfa.

➢ A seguir, iniciar a comunicação com o subconsciente, informando-o dos detalhes desejados no cônjuge: "Minha esposa/marido ideal será fiel, honesta(o), leal, sincera(o), feliz, próspera(o) e saudável".

➢ Aguardar que a mente subconsciente apresente um caminho de aproximação com a pessoa ideal.

A JOVEM QUE VIU SEU FUTURO MARIDO

O uso competente da mente é importante na busca da felicidade no casamento.

Lembro-me do caso que me relatou uma jovem que, durante alguns dias, momentos antes de dormir, usou a imaginação para visualizar seu casamento em todos os seus detalhes.

A força de sua imaginação foi tal que seu subconsciente lhe proporcionou um sonho detalhado: ela pôde ver até mesmo seu futuro marido, que ela ainda não conhecia.

Foi um caso nítido de precognição de sua mente, já que a jovem acabou, de fato, casando-se com o rapaz do sonho.

CIÚMES E CONFLITOS

Tolerância e compreensão, importantes requisitos para neutralizar ciúmes e conflitos, competem à mente consciente, mas o trabalho da mente subconsciente também se aplica inteiramente ao caso.

Os problemas enfrentados por homens e mulheres no casamento não diferem, em essência, dos demais problemas da vida. Em última análise, são causados pelo desconhecimento dos detalhes do funcionamento da mente e da interdependência entre o consciente e o subconsciente.

DESENTENDIMENTOS

Eventuais desentendimentos entre os cônjuges começam sempre na mente. Pequenos atritos jamais devem ser levados para o dia seguinte, pois o perdão, peça importante na manutenção do entendimento e da felicidade, pode acontecer a qualquer hora do dia. Em um casamento, ambos devem ter consciência dos fatores necessários ao bom relacionamento e colaborar para o sucesso a dois.

Além dos cônjuges, uma família é composta de filhos, pais, irmãos, sobrinhos, netos, etc. A todos devemos envolver com amor e ajudar para que possam vivenciar suas experiências da forma mais adequada a um perfeito autodesenvolvimento.

O LADO PROFISSIONAL

No que concerne ao sucesso profissional, o trabalho da mente também pode ajudar de maneira significativa, facilitando o desempenho na profissão daqueles que buscarem, em suas técnicas, a superação das dificuldades.

A SOLUÇÃO SURGIDA DURANTE O SONO

Conheço uma competente decoradora que, ao dar início a qualquer projeto, sempre se prepara por meio das mentalizações que efetua à noite, antes de dormir.

Após um relaxamento, ela pensa nos detalhes que carecem de melhor solução em seus projetos e, depois, deixa-se embalar pelo sono. No dia seguinte, ela sempre encontra a solução procurada.

Já houve casos, inclusive, em que ela acordou durante um sonho para anotar as mensagens corretas de seu subconsciente.

A MENTE AUXILIANDO GRANDES PESQUISADORES

Muitos dos grandes cientistas da humanidade realizaram suas descobertas com a ajuda do poder infinito do subconsciente, pelas visões elucidativas que tiveram em determinados momentos ou pelas ideias mais contínuas que a mente deles lhes transmitia com relação ao que estavam pesquisando.

Vários deles imaginavam soluções para suas invenções e, em seguida, transferiam a imaginação para o subconsciente. Depois, confirmavam ou não os acertos das mensagens recebidas e construíam os detalhes necessários aos seus inventos.

Assim, dentre os tantos pesquisadores que conheciam sua mente e, garantidamente, fizeram extenso uso dela, citamos alguns, com suas principais descobertas:

- Arquimedes – leis da hidrodinâmica;
- Albert Einstein – teoria da relatividade;
- Isaac Newton – ação da gravidade;
- Thomas Edison – luz elétrica;
- Nicolau Copérnico – movimento dos planetas em torno do Sol;
- Marconi – transmissão de informações por ondas eletromagnéticas;
- Nikola Tesla – bobina Tesla e outros inventos elétricos.

Para a mente subconsciente, não há espaço nem tempo limitados.

Em diversas ocasiões, vários desses pesquisadores dormiram pensando em um problema, que acreditavam ser muito difícil e de solução demorada, e acordaram com a visão certa para a questão resolvida. Podemos, pois, ter certeza de que o subconsciente, durante o sono, pode nos dar respostas imediatas.

Há muitas realizações da mente subconsciente que poderiam ser enumeradas a título de exemplo, mas a quantidade é desnecessária, pois, em todos os casos, as técnicas empregadas têm sempre uma mesma base, com pequenas variações para otimizar os resultados.

RESOLVENDO PROBLEMAS

Perda de um objeto importante, esquecimento de algum fato relevante do passado, alguma dificuldade específica referente à vida profissional ou orientação sobre um caminho a seguir, dentre várias alternativas, são exemplos de situações para as quais você pode utilizar as orientações a seguir:

- recolha todas as informações disponíveis sobre o problema a ser resolvido;
- pense, com confiança e sem medo, em uma saída para ele;
- à noite, coloque-se em posição confortável, em um ambiente tranquilo, e relaxe seu corpo e sua mente;
- em seguida, direcione seu pensamento exclusivamente para a solução do problema;
- tenha plena convicção de que encontrará a solução procurada e se imagine satisfeito por encontrá-la;
- não se preocupe em impedir o sono, permitindo-se, assim, dormir com o problema;
- na manhã seguinte, ao acordar, se não tiver encontrado a solução, trate de sua vida normalmente, mas mantenha-se alerta para os sinais, ideias fortes e percepções que poderá receber, pois a solução, certamente, surgirá.

Se necessário, repita o procedimento na noite seguinte, sempre com a fé no poder infinito de seu subconsciente.

A FELICIDADE PLENA

Sem dúvida, a grande descoberta da humanidade foi o *"desvendar da consciência"* quanto ao poder ilimitado da mente.

A felicidade plena requer fé incondicional nos meios de que dispomos para superar as dificuldades que se nos apresentam e, assim, podermos dispor de condições ideais de autocura e de prosperidade em uma vida de harmonia, paz e realizações. A conscientização de todos os fatores descritos neste livro possibilita uma aproximação das condições necessárias à obtenção da tão desejada felicidade permanente.

Viver de acordo com o que aqui se propõe acaba se tornando um hábito, que vai sendo adquirido passo a passo e à medida que existe uma sincera vontade de, efetivamente, realizar as transformações requeridas. É preciso ter coragem para iniciar essa nova fase da vida.

É preciso escolher os passos que devem ser dados para maior aperfeiçoamento de nosso ser, pois cada pessoa tem os seus, e, em seguida, relacioná-los, em uma folha de papel, de forma bastante consciente e íntima. Depois disso, começar a agir, trabalhando um passo de cada vez, e anotando ao final de cada passo empreendido e concretizado, com o respectivo problema superado e o hábito positivo adquirido. A cada passo dado e superado, a vida se torna melhor.

Entretanto, será preciso dispor de motivação semelhante à do discípulo de Sócrates, mencionado anteriormente, e ir em busca do ar para viver, com perseverança, sem esmorecimento e muita fé.

Só agindo assim construiremos nossa própria felicidade, pois ela depende exclusivamente de nós, e não de fatores externos, como pensam alguns.

Agindo assim, estaremos seguindo no rumo certo da arte de viver com sucesso, que é a base da felicidade plena.

O futuro, certamente, tem várias faces:
para os despreparados, é o receio do desconhecido;
para os ignorantes, é a falta de acesso aos meios
para atingir os objetivos;
para os empreendedores, é a vontade e o horizonte livre
para a concretização de seus sonhos.

"O único jeito de seguir pela vida é olhar o que se tem e ver o que ainda se pode fazer."

(SUA SANTIDADE DALAI LAMA)

CAPÍTULO 6

CONTROLANDO TENSÕES E PENSAMENTOS INDESEJÁVEIS

Em momentos de reflexão, quando nos reservamos alguns instantes de silêncio interior, é comum questionarmos:

❖ Será que esta vida que vivemos, com tudo o que realizamos ou deixamos de realizar, com todas as alegrias e tristezas, se acaba com a morte, ou há algum significado maior para ela?

❖ Será que Deus colocou o homem na Terra para uma experiência única e isolada ou o fez para que adquiríssemos experiências e, assim, evoluíssemos em vidas infinitas, nas quais o planeta Terra representa apenas mais uma etapa?

Qualquer que seja a forma de encarar as questões apresentadas, uma coisa é certa: a felicidade plena e a diminuição do sofrimento nesta vida permanecerão sendo uma meta desejada por todos. Quanto mais meditamos sobre a vida, mais nos conscientizamos da importância de sermos hoje melhores do que fomos ontem e de amanhã sermos ainda mais evoluídos. O autodesenvolvimento constante é o elemento que nos mantém efetivamente vivos, e não apenas sobreviventes na Terra.

Estamos vivendo em um mundo no qual, apesar de todas as misérias, doenças e conflitos, existe uma tendência natural de somar constantemente mais seres que se orientam para o amor, a paz e a harmonia.

Nesse contexto, é prioritário desenvolver formas efetivas de lidar com pensamentos indesejáveis e tensões, para não nos tornarmos verdadeiros robôs guiados pela vontade e desígnio de outras pessoas e de fatores alheios ao nosso ser.

É preciso ter consciência de que cada pensamento, cada sentimento, cada palavra ou ação se reveste e se constitui de energia. E ainda, é preciso ter a convicção de que energia positiva atrai energia positiva, assim como energia negativa atrai energia negativa, em uma escala sempre crescente. Além disso, em termos globais, essas energias individuais juntam-se para formar a aura do planeta, que permanece em nosso meio, influenciando nossa vida para um lado ou para outro. Estamos, pois, em constante troca de energia com os outros seres e com o meio ambiente.

Pensamentos, sentimentos e tensões atuam diretamente sobre cada um de nós e, também, influenciam toda a atmosfera de vida que nos cerca, motivo pelo qual é crucial que os controlemos.

Quem controla pensamentos, sentimentos e tensões se torna um ser humano mais positivo, voltado para o bem e revestido com uma aura de amor que não apenas o protege como também beneficia toda a humanidade, esse organismo global do qual fazemos parte. Esse controle, de início, não é fácil, mas, com o passar do tempo e com a perseverança que se deve ter, passamos a nos sentir cada vez melhor. O que importa é evoluir sempre, a cada novo pensamento, sentimento, palavra ou ação.

Não importa tanto o grau em que estejamos ao começar, pois o que conta, de fato, é a evolução permanente.

A transformação interior é um treinamento diário. **É como um atleta que inicia o treinamento para entrar em uma competição: de início, pode ser duro, mas, com o passar do tempo, ele vai evoluindo e as dificuldades que se antepunham passam, naturalmente, a ser incorporadas ao seu novo estilo.**

O treinamento para a transformação interior deve ser iniciado pelos pensamentos e sentimentos mais frequentes e mais prejudiciais que tivermos e que, por isso mesmo, queiramos modificar. Para retirá-los de nosso interior, além de mantê-los sob permanente controle é preciso trabalhar com as mentes consciente e subconsciente.

Qualquer que seja a condição em que estivermos atualmente, devemos aceitá-la com humildade, para que possamos, com perseverança e sinceridade, iniciar a jornada no sentido de nosso aprimoramento interior. A cada passo dessa caminhada nos sentiremos melhor, mais leves, mais iluminados interiormente e com mais vontade de evoluir.

Quem inicia a jornada do aprimoramento interior tem todas as condições necessárias para alcançar o bem; portanto, uma frase como "Nasci assim, vou morrer assim..." deve ser definitivamente descartada. Por outro lado, quem está nesse caminho deve incorporar hábitos positivos, como o sono que recupera nossas condições orgânicas, a alimentação equilibrada e sem agrotóxicos, os exercícios físicos que o corpo requer e o uso adequado da mente, para ser cada vez mais feliz.

A RAIVA, O ÓDIO E O RESSENTIMENTO

Um dos sentimentos mais difíceis de superar, indubitavelmente, é a raiva. O homem que se sente ofendido por alguém tem vontade de prejudicar essa pessoa. É uma forma de vingança que não acrescenta nada de significativo à vida de quem se vingou, pois gera apenas uma satisfação ilusória e passageira, e nenhum benefício futuro.

No mais das vezes, um fato gerador da raiva já passou no tempo e não volta mais; não há como desfazer um mal já feito. E, além disso, toda vingança sempre implica o risco de ações e reações contínuas que criam uma verdadeira bola de neve de coisas ruins. Isso não significa que devamos nos omitir em presença de injustiças, mas as atitudes devem ser tomadas com o equilíbrio imparcial e tranquilo, e não atiçadas pela raiva.

É a raiva que, quando continuada e sem limites, leva ao ódio, a um rancor profundo e duradouro, que é um dos sentimentos mais graves a afetar nosso equilíbrio orgânico. Na presença da raiva, afastamo-nos de nossa paz interior, deixamos de usar nossa intuição e a imaginação, reduzimos a eficácia e a eficiência de nossos pensamentos e de nossas ações, perdemos a liberdade de separar o certo do errado e vemos crescerem as dificuldades. Na presença da raiva, não apenas nossa mente fica fora de controle, como também o corpo, que é dramaticamente afetado.

A raiva, o ódio e a hostilidade geram distorções repulsivas e incontroláveis em nossa aparência facial, afetam o apetite e o sono e, de acordo com muitas pesquisas médicas realizadas, trazem inúmeros males aos nossos sistemas imunológico, nervoso e cardiovascular, dando origem a numerosas doenças terríveis, dentre elas o câncer.

Mesmo quando minimizamos os efeitos da raiva e do ódio, mas guardamos ressentimentos, afetamos nosso bem-estar e, muitas vezes, impedimos relacionamentos humanos mais abertos e alegres com as pessoas. Ressentimentos nos tornam tristes e agressivos, não nos deixam irradiar aquela aura de "estar de bem com a vida" e nos mantêm mentalmente enfraquecidos e isolados.

O ódio surge mais facilmente em mentes infelizes e descontentes, pois a raiva se alimenta da raiva, até alcançar a condição de ódio.

A maneira mais eficiente desse sentimento seja combatido é pelo desenvolvimento de virtudes como a tolerância e o perdão. Se tivermos mais paciência, formos mais tolerantes e soubermos perdoar pequenas coisas, estaremos nos preparando para tolerar ou perdoar situações mais graves. É só uma questão de conscientização e treinamento. A substituição do ódio, da raiva e dos ressentimentos por vivências mais leves e positivas deve ser sempre uma de nossas metas na busca da felicidade.

O exercício da paciência ficará mais facilitado quando admitimos que os extremos são sempre perigosos. É como a corda de um violão: se a deixarmos muito frouxa, não emite som, mas se a esticarmos demais, ela se arrebenta ao mais leve toque. A verdade mais enaltecida é aquela que se situa no meio e, por isso mesmo, as divergências mais acaloradas podem sempre convergir para um meio mais harmonioso. Além disso, até mesmo os mais arraigados paradigmas podem ser questionados; portanto, é preciso analisar com isenção qualquer divergência de posição.

A vida é um momento fugaz no contexto de nossa existência, e esse momento será, naturalmente, sucedido por períodos mais ou menos felizes para cada um. Por isso mesmo, não devemos nos apegar tanto às coisas e posições muito materializadas, assim como devemos saber nos aproximar do aspecto espiritual da vida. Devemos dedicar mais tempo às pessoas que nos são caras, desculpar os motivos que se entranham e ficam massacrando nosso coração, e concentrar nossa energia naquilo que, de fato, nos seja importante.

O EGOÍSMO E A INVEJA

Desde há muitos séculos, o egoísmo tem causado males à humanidade e impedido o ser humano de ver com isenção as situações reais de constrangimento e de necessidade pelas quais passam seus semelhantes.

Os egoístas são incapazes de entender que, até mesmo em razão do próprio egoísmo, deveriam apoiar as necessidades mínimas dos menos afortunados. Deveriam ter consciência de que sua felicidade mais completa somente poderá ser alcançada se todos que o cercam puderem viver longe das misérias, das doenças e dos conflitos.

Foi, sobretudo, o egoísmo humano que marcou os paradigmas do passado com traços tão fortes de injustiça social que até hoje, e apesar dos progressos materiais alcançados pela humanidade, são sentidos de forma evidente.

É claro que o sentimento de autopreservação é saudável. Precisamos ter autoestima, assim como precisamos amar a nós mesmos para saber amar nossos semelhantes. Mas não podemos nos esquecer de que não estamos sozinhos no mundo. E mais: de que tudo o que irradiarmos será irradiado de volta para nós.

O egoísmo ou a inveja que destilarmos, interna ou externamente, estará nos atingindo, seja ele (ela) emitido(a) em resposta por nossos semelhantes ou por nossa própria mente. O controle desses sentimentos é muito importante para nosso desenvolvimento pessoal.

Inveja é um desejo violento de possuir algum objeto ou dom de outra pessoa. Pode-se ter inveja de uma virtude, da prosperidade, da alegria de viver, da beleza, da cultura, e até mesmo de uma bela casa de praia. Sejamos, contudo, conscientes de que nós somos diferentes uns dos outros. Somos todos seres especiais com virtudes e defeitos próprios; portanto, não há uma razão racional para a inveja.

Esse sentimento é sinal de fraqueza mental, pois quem conhece o próprio valor como ser humano não precisa sentir inveja. Na vida, sempre há aspectos superiores e inferiores quando se faz comparações, mas ninguém é melhor ou pior em tudo. E estarmos satisfeitos com o que somos faz parte de nossa felicidade.

A ANSIEDADE, AS PREOCUPAÇÕES E OS MEDOS

A ansiedade se destaca cada vez mais no cenário médico como um dos grandes causadores de doenças. Quanto mais intensa for a ansiedade, mais debilidade gerará no organismo e mais frequentemente veremos diagnósticos de "transtornos pela ansiedade".

Mesmo nos casos que não atingem o estado patológico, as preocupações alcançam patamares altos, que não produzem nenhum benefício. Muito ao contrário, minam a felicidade e dificultam a consecução de nossos objetivos.

Ansiedade é estar com a mente onde o corpo não está. É preocupar-se intensamente com problemas antes mesmo que eles ocorram. Além disso, a atenção prolongada que, pela preocupação, colocamos em determinado assunto orienta nossa mente na direção dele com isso, atrai para nós justamente os efeitos causadores da preocupação.

Ansiedade, medo e preocupação em demasia provocam efeitos muito ruins no organismo humano: prejudicam o julgamento independente dos fatos, trazem uma permanência de estados de irritação e afetam negativamente o desempenho mental. Além disso, minimizam sensivelmente os componentes imunológicos e geram distúrbios gástricos e cardiovasculares, produzindo tensões e cansaço muscular.

Quem quiser se ver livre da ansiedade, do medo e da preocupação excessiva deve minimizar a importância das razões genéticas, recentemente descobertas, pois estas têm apenas efeito secundário na causa das angústias. Remédios não são necessários, exceto em casos mais graves. Uma alimentação balanceada e exercícios físicos regulares, porém, são fundamentais.

É mister conscientizarmo-nos de que existem os medos originários de causas reais, tais como medo do sofrimento decorrente de uma situação de risco, como a guerra; medo da violência, quando estamos em uma área dominada pela marginalidade; medo do ódio de um ser humano descontrolado; etc. Mas existem outros medos criados pela mente: uma criança que tem medo de entrar em um quarto escuro, medo de viajar de avião, medo de se aproximar de uma barata, medo de receber críticas negativas, etc.

As angústias e os medos que são criados por nós mesmos podem ser superados por uma motivação especialmente criada para eliminá-los. Com o apoio da *"mensagem ilustrada"* ou o da *"mensagem afirmativa"*, é possível superá-los. Outra técnica para vencer tais dificuldades é substituir a angústia por pensamentos positivos de amor e compaixão.

OS VÍCIOS

Muitas pessoas só se lembram de seus corpos quando estão doentes. Por mais avisos que recebam do próprio organismo, não se dão conta de que este está sofrendo pelos mau-tratos recebidos, até que uma patologia se instale. E toda patologia só se manifesta depois que seus sinais são transmitidos pelo corpo e, muitas vezes, ao longo de vários anos. Mesmo que tenhamos momentos de exceção, com sofrimentos indesejáveis ao organismo, eles não serão tão prejudiciais se tivermos hábitos saudáveis de vida.

Essas são fortes razões para que nos livremos dos vícios e nos aproximemos, com veemência, dos hábitos saudáveis que a vida disponibiliza. Os vícios geram prejuízos terríveis às partes de nosso corpo afetadas por eles. Os bons hábitos, por outro lado, conduzem à felicidade.

Todo vício acontece pela repetição de uma ação gerada a partir de determinado estímulo, criando na mente uma espécie de paradigma. Esse paradigma – comportamento nocivo e repetitivo – somente poderá ser superado pela repetição de fortes estímulos positivos transmitidos pelo consciente à mente subconsciente.

Com a ação da visualização, da imaginação e da afirmação, é possível conduzir o subconsciente para o caminho desejado.

A MORTE

A realidade temporal da existência humana é muito curta, pois em poucos anos terminamos o espetáculo da vida. É desejável que se viva com sabedoria, vivenciando experiências novas e buscando sempre o autodesenvolvimento.

Nosso estado de espírito nessa etapa da existência, ou em qualquer outra, e nossa felicidade provêm dos pensamentos e sentimentos desenvolvidos e incutidos na mente, ontem ou há mais tempo ainda. A qualidade inicial de nossa nova etapa de vida infinita dependerá do que tivermos plantado em nossa mente, pois plantamos hoje o que iremos colher amanhã.

A morte nada mais é do que um ponto de mutação no qual deixamos um tipo de vida e transcendemos a outro. É um novo degrau que devemos subir em nossa existência infinita para assumirmos novas responsabilidades. Precisamos estar preparados e imbuídos de pensamentos e sentimentos positivos, que irão nos propiciar a continuidade de estados de espírito elevados e de felicidade na nova etapa que passaremos a vivenciar. E, sobretudo, não devemos permitir que o medo da morte nos impeça de viver, pois ele, de fato, não vai nos impedir de morrer.

> "A mente humana nunca poderá voltar às
> suas dimensões originais,
> uma vez conhecida uma nova ideia."
>
> (OLIVER WENDELL HOLMES JR.)

CAPÍTULO 7

DESENVOLVIMENTO DE SENTIMENTOS POSITIVOS

A vida humana adquire real sentido de autodesenvolvimento quando, com perseverança e prioridade, cultivamos, no íntimo de nosso ser, pensamentos que preservem a ética e a moral, assim como a verdade e a justiça, e agimos de acordo com esses pensamentos, servindo de exemplo aos demais seres humanos.

A ÉTICA E A MORAL

A ética deveria ser a virtude mais cobiçada por todos os seres humanos. Seu uso incondicional, como deve ser, objetiva a plena retidão dos costumes e independe de doutrinas religiosas, pois compreende um conjunto de valores morais e princípios de conduta, que podem ser aplicados a todas as relações interpessoais. De forma simplista, pode-se dizer que o princípio básico da ética é nunca fazer aos outros o que não queremos que nos façam.

Precisamos ter consciência de que o mundo ideal que desejamos depende de, antes de cada ato, nos questionarmos se ele nos trará felicidade, assim como aos nossos semelhantes.

A ética está intimamente ligada ao compromisso mental de evitar pensamentos negativos e de cultivar virtudes espirituais e materiais que espelhem sentimentos positivos, tais como amor e compaixão, paz e harmonia, tolerância e perdão, aliadas à busca da alegria e da felicidade, do sucesso e da prosperidade. Necessitamos, assim, de autocontrole apurado, mesmo na presença do medo, e de conduta moral irrepreensível, que compreenda a coragem de enfrentar as dificuldades sempre de forma correta, não nos deixando cair em tentação pelos desejos imediatos nem nos esquecendo de que devemos respeito aos seres que nos cercam.

Sem qualquer dúvida, a ética e a moral andam de mãos dadas com a verdade e a justiça. Quando assumimos o compromisso de respeito ao próximo, naturalmente reorientamos nossas atitudes, bem como nossas decisões sociais e políticas. Com isso, contribuímos de forma decisiva para o redirecionamento da sociedade rumo a ações que levem ao bem geral e, nesse contexto, a defesa incondicional da verdade e da justiça é figura primordial.

Não se pode pensar em eliminar conflitos e sofrimentos do seio da humanidade sem a coragem para levantar a bandeira da verdade e sem impedir, com todos os meios, que seres humanos sejam atacados pela injustiça ou prejudicados em seus direitos humanos e espirituais. É preciso estar profundamente convencido da necessidade de caminhar ininterruptamente para uma evolução ética e moral, que priorize incondicionalmente a verdade e a justiça.

O AMOR E A COMPAIXÃO

O amor é tudo. Não se pode, simplesmente, confundi-lo com a ausência de emoções negativas, pois ele é muito mais do que isso e representa a base de nossa vida.

Com amor fomos gerados. Com amor fomos alimentados no início de nossos dias. Com amor nos relacionamos com os primeiros seres humanos que conhecemos: nossos pais. Com amor nos aproximamos de Deus. Com amor tratamos nossos primeiros brinquedos e, depois, nossos primeiros amigos... E assim crescemos envoltos em amor.

Revestimos com amor tudo o que é importante para nós: namorada ou namorado, esposa ou marido, filhos, trabalho, lazer. Enfim, nossa vida é amor, e é dele que nasce a maior motivação que temos para viver, e não apenas sobreviver.

Do amor incondicional nasce a compaixão, um sentimento belo e nobre que, ao contrário da pena, não nos coloca em uma posição superior ao outro.

Quando olhamos para alguém com compaixão, o fazemos em igualdade de condições, vendo no outro um ser humano igual a nós, que, naquele momento, carece de nosso apoio para superar uma dificuldade. Quando sentimos compaixão por alguém, lembramo-nos de que o sofrimento que o aflige poderia estar nos afligindo. Enfim, quando movidos pela compaixão verdadeira, não ficamos lamentando a dor do próximo, mas o ajudamos, pois uma atitude compassiva é uma atitude de efetiva ajuda a quem estiver necessitado dela.

O comportamento da humanidade, sob vários aspectos, tem gerado uma verdadeira doença infecciosa que está comprometendo nosso organismo global. Da mesma forma que os glóbulos brancos em nosso corpo formam um exército para investir contra células doentes e sanar o mal, nós, seres humanos, deveríamos nos unir para interromper o curso desastroso de certas atividades no planeta. Em conjunto, com sentimentos de fraternidade, de amor, e um espírito de união e apoio recíproco inquebrantável, temos plenas condições de lutar por uma verdadeira ação corretiva, debelando a infecção da face da Terra e implantando um superorganismo saudável e de amplo bem-estar.

A PAZ E A HARMONIA

Tranquilidade pessoal é o fator que nos permite analisar as coisas que nos cercam, com serenidade e não com desinteresse, com tempo para pensar antes de agir e afugentar de perto de nós a ansiedade.

A tranquilidade contribui para a redução dos conflitos, pois, quando estamos tranquilos, tomamos decisões mais acertadas, despidas da influência decisiva das emoções e das tensões, e sem conflitos de qualquer natureza, seja os de natureza interior ou outros, entre homens, grupos sociais, regiões ou países... Tranquilidade é tudo de que necessitamos para alcançar a mais completa paz, uma paz duradoura que compõe um cenário de bem-estar e de felicidade.

Quando tranquilos, estabelecemos relacionamentos harmoniosos que comungam os mesmos objetivos e proporcionam ações sinérgicas rumo a soluções que beneficiam a todos, e não apenas a uns poucos.

Harmonia é um importante fator evolutivo; é um dos sentimentos positivos que conduzem à felicidade.

À medida que aumenta o número de homens conscientes do poder da mente humana, que sabem controlar os pensamentos e priorizam os sentimentos positivos, a harmonia será mais natural e o surgimento de uma sociedade sinérgica, uma decorrência.

Imagine uma vasilha de água no fogo, prestes a entrar em ebulição. Enquanto a temperatura se mantém abaixo de 100°C, todas as moléculas da água são líquidas (exceto algumas em processo de evaporação) e se comportam como tal. Entretanto, à medida que a água se aproxima de seu ponto de ebulição, o comportamento das moléculas se altera progressivamente, e todas elas tendem a passar coletivamente para uma atuação como gás. A expectativa do surgimento de uma sociedade sinérgica se parece com isto: quando estiver perto o momento da mutação, o comportamento da humanidade se harmonizará progressivamente, e todos, como parte de um mesmo organismo, passarão para o novo estado, tal como as moléculas da água passam do estado líquido para o gasoso.

O poder de nossa união será explosivamente mais significativo. É bem verdade que manteremos nossa individualidade, mas os inter-relacionamentos serão vigorosamente transformados, dando surgimento a uma sociedade bastante diferente, uma sociedade em que a sociologia, a política e a economia estarão sendo radicalmente sacudidas por ondas de transformações quase totais.

Lembremo-nos hoje de que aquilo que imaginarmos para nosso futuro terá fundamental importância no que, de fato, virá a ser esse futuro. Diante disso, é crucial que acreditemos no futuro e passemos, a partir de agora, a trabalhar na configuração de nossa vida. No futuro, encontraremos nossa total felicidade, sem dúvida!

A TOLERÂNCIA E O PERDÃO

Tolerância é a disposição para admitir, em nossos semelhantes, formas de pensar, agir e sentir diferentes das nossas. Naturalmente, isso não significa concordar ou aderir a tudo o que se tolera. Significa, sim, condescendência com o que é diferente. Da mesma forma que não somos obrigados a pensar como os outros, não podemos exigir que estes pensem como nós. O que podemos, e devemos, é buscar convencê-los das ideias nobres que defendemos e, com o exemplo de nossa conduta, mostrar-lhes o caminho que acreditamos ser o mais correto. Contudo, cada um deve ter sua liberdade de escolha.

A tolerância, porém, tem seus limites, sob pena de cairmos na omissão. O respeito à liberdade, aos direitos e aos deveres individuais deve ser recíproco. Devemos ser tolerantes, mas firmes na defesa de nossos ideais.

O desenvolvimento da paciência é de grande ajuda na prática da tolerância. Quando temos paciência, podemos nos imaginar na posição do outro e, assim, analisar com tranquilidade os motivos das diferenças. Agindo assim, capacitamo-nos não só a aceitar as diferenças, como também a superar até mesmo pequenas falhas de nossos semelhantes. Somente assim a recíproca poderá ser verdadeira.

Tolerância e paciência se completam com o perdão, elemento indispensável nesse contexto. E a primeira coisa que devemos aprender é perdoar a nós mesmos, pois tendemos a ser mais intolerantes com nossos erros do que com os das outras pessoas.

Para nos perdoar, devemos estar dispostos a aceitar nossos erros, propondo-nos a analisá-los e a usá-los como base para nossa evolução, procurando, com determinação, não repeti-los. Esse é o cerne da questão. Sem dúvida, a finalidade de nossa existência na Terra é viver experiências e, a partir delas, nos autodesenvolver. E todos que experimentam estão sujeitos a errar.

Depois que estivermos preparados para aceitar nossos próprios erros, passaremos a entender e, até mesmo, a aceitar os erros de nossos semelhantes com mais facilidade. Então, o perdão será mais fácil para nós.

Importante: a maneira mais poderosa de desarmar alguém que esteja em conflito conosco é perdoando essa pessoa. Com amor e com perdão estamos preparados para transcender, superando tensões e frustrações em relação a quem quer que seja.

O SUCESSO E A PROSPERIDADE

O sucesso não deveria ser privilégio de poucas pessoas. O ser humano foi criado para ter sucesso e para viver com prosperidade, já que o Universo dispõe, em abundância, de tudo de que necessitamos. Contudo, sucesso e prosperidade não acontecem para muitos porque, para alcançar seus patamares mais altos, é imprescindível observar alguns princípios:

> ➤ Acreditar firmemente que o sucesso e a prosperidade podem ser atingidos e que temos todas as condições para isso.
>
> ➤ Saber transformar ideias em realidade por meio da ação, da força de vontade, da perseverança e da superação das dificuldades. Afinal, ter boas ideias não é o bastante.
>
> ➤ Agir com entusiasmo, conhecimento e uma verdadeira paixão para perseguir nossos reais objetivos, sempre com o foco em nossas qualidades e naquilo que desejamos.
>
> ➤ Estar bem preparado para as oportunidades que se apresentarem, pois o sucesso só ocorre quando a oportunidade encontra uma preparação adequada.
>
> ➤ Ter coragem para mudar os paradigmas, sempre que necessário, pois, quando um problema não tem solução, a única forma de resolvê-lo é modificando os paradigmas a ele relacionados.
>
> ➤ Trabalhar com a mente infinita, usando a imaginação, visualizando o futuro e descartando pensamentos negativos, medos e preocupações sem sentido.

Além disso, devemos nos lembrar de que precisamos ser eficientes e eficazes, pois eficiência é fazer bem feito o que for necessário, e eficácia é fazer apenas o que precisa ser feito.

A ALEGRIA E A FELICIDADE

A felicidade é sempre relativa à avaliação e ao entendimento pessoal de cada um, muito embora existam aspectos comuns a todos os seres humanos. Saúde, ausência de conflitos e de miséria são questões importantes para nossa felicidade, assim como para a de todos os que nos cercam. Curiosamente, não podemos comprar o que nos traz felicidade: não se compra saúde, não se compra paz e, tampouco, felicidade.

Quando analisamos a saúde, vemos que ela nada mais é do que a alegria de viver. Ser saudável é viver com entusiasmo. É ter disposição para aproveitar as coisas boas que o mundo nos oferece. É ter energia para superar eventuais dificuldades sem desgastes excessivos e com um sorriso no rosto, irradiando amor, tolerância e harmonia a tudo o que nos cerca. É enxergar o mundo sempre com otimismo e de maneira positiva, faça chuva ou faça sol, seja dia ou seja noite, faça calor ou faça frio, pois tudo tem seu lado bom. Saúde é, em síntese, o estado de equilíbrio de nosso organismo.

Muitas pessoas não têm doenças, mas também não têm saúde! Toda pessoa triste ou pessimista não é plenamente saudável, e a doença biológica, se ainda não se manifestou, pode estar rondando suas defesas, pois seu nível de saúde encontra-se comprometido e em patamares muito baixos. Por outro lado, uma pessoa feliz dificilmente adoece: seu sistema imunológico é favorecido por seu permanente estado de espírito positivo.

- ❖ Assuma a realidade do mundo de hoje e trabalhe com coragem, para transformá-lo em um mundo melhor.

- ❖ Comece com pequenos atos, incorporando-os ao seu dia a dia e, ao mesmo tempo, vá realizando novos pequenos atos, que se juntarão aos primeiros. O esforço para realizar esses pequenos atos não passará de três meses, porque, depois disso, eles estarão perfeitamente incorporados à sua vida normal.

- ❖ Três meses é o tempo necessário para uma nova atitude ser incorporada à nossa vida, desde que a pratiquemos regularmente.

- ❖ Nunca é tarde para começar. O que importa é a convicção positiva que afasta a tentação de desistir diante de eventuais dificuldades e amplia a certeza de que a vida será melhor.

- ❖ Encontre um tempo para você.

- Procure alternar seus momentos de tensão com períodos de calma.

- Faça do seu lar um refúgio de tranquilidade, onde você possa ouvir uma música suave e refletir à meia luz.

- Saiba encaixar em seu dia a dia o estímulo, as emoções, as tensões e as inevitáveis competições dos dias de hoje, entre a calma, a paz de espírito, a reflexão e a cooperação sinérgica do mundo ideal.

"Não tenha medo de aprender. O conhecimento é leve;
é um tesouro que se carrega com facilidade."

CAPÍTULO 8

PERCEPÇÃO
EXTRASSENSORIAL

Os seres humanos constituem parte de um mesmo superorganismo e, consequentemente, as mentes de todos os homens e mulheres se unificam e se tornam comuns ao conjunto. Cada indivíduo pode desenvolver e usar a própria mente de maneira particular e individualizada, porém precisa ter consciência de que está lidando com uma humanidade una, infinita e sem limites de tempo. A própria definição de humanidade, conforme o dicionário de Caldas Aulete, diz isto: "Natureza humana: o gênero humano ou o conjunto de todos os homens formando um ser coletivo".

Existe um subconsciente coletivo no qual tudo que se passou durante todos os séculos foi registrado, assim como está e estará sendo registrado tudo o que acontece e acontecerá neste mundo. Essa imensa memória inclui dados genéticos de todos os seres que existiram, existem e existirão, e é inundada pelo amor e pela presença de Deus. É por isso que se costuma dizer que um homem excepcionalmente inteligente, eficaz e eficiente, é aquele que consegue se comunicar facilmente com seu subconsciente. É também por isso que se pode ter intuições tão claras no contexto de nossas vidas. Só é preciso "*desvendar a consciência*" para essas verdades e aprimorar cada vez mais o uso de nossa mente infinita.

Esse tipo de percepção sensorial também pode ser desenvolvido com a repetição de estados de relaxamento e de descontração, juntamente com uma *"mensagem afirmativa"* que diz, com clareza, que a *"Sabedoria Infinita"* de Deus está nos facilitando a revelação de todo o acervo desse imenso registro de dados por meio da intuição e, ao mesmo tempo, que nos seja possível ouvir e compreender.

Há, porém, uma orientação muito importante sobre isso: nunca use qualquer poder psíquico que lhe seja concedido para prejudicar ou se aproveitar de alguém, nem para interferir no livre-arbítrio de outra pessoa. Use-o apenas para ajudar seus semelhantes, distribuindo amor, facilitando curas, motivando e inspirando harmonia e paz.

A INTUIÇÃO

Há pessoas que se destacam em diferentes atividades humanas e sequer sabem por que isso acontece. Muitas nunca estudaram a respeito do assunto em que se destacam nem o praticaram tanto quanto seria necessário para ter o sucesso que possuem. Tais pessoas, porém, dispõem de aguçada intuição que se aprimora pela imaginação, pela observação inteligente e pelo uso da mente infinita. Muito provavelmente, a proeza que exibem está associada ao grau de desenvolvimento de um sentido de comunicação interpessoal (entre as mentes individualizadas ou partes da mente universal), o que pode influir de forma diferenciada na intuição delas.

A intuição influi em nosso consciente por meio de pensamentos e sonhos. Quando se trata de sonhos, o entendimento pode depender de uma simbologia, que tanto pode ser criada pela própria pessoa ou ser comum a determinada cultura ou região. Houve época em que, na tentativa de se decifrar os sonhos, vários símbolos foram utilizados. A presença de hastes eretas em um sonho era uma clara alusão aos genitais masculinos. Sonhar com uma casa simbolizava o corpo inteiro da pessoa que sonhou. Já os cômodos da casa relacionavam-se às diversas partes do corpo.

O fato é que, na verdade, nosso corpo material se comunica constantemente com nossa mente e sempre busca um vocabulário adequado para que possamos entender. O subconsciente também transmite mensagens intuitivas ao nosso consciente: sensações de alegria e de felicidade, por exemplo, são claros sinais de que estamos caminhando na direção correta.

Hoje, com o gigantesco volume de informações que nos chegam a uma velocidade assombrosa, profissionais de todas as áreas têm cada vez menos condições de conhecer tudo que se relacione ao seu campo de atividade. Assim, mais e mais nos aproximamos da posição tradicional, em que decisões intuitivas se tornam imprescindíveis ao bom desempenho profissional.

Inteligência, informação e intuição são componentes prioritários de boas decisões.

A intuição sempre encontra uma forma de tocar nosso consciente. Na infância, ela é praticamente absoluta. À medida que os anos passam, os filtros da sociedade e as interpretações racionais começam a agir e a intuição começa a encontrar dificuldade para estabelecer uma comunicação direta, o que vai ficando cada vez mais difícil com o passar dos anos. Entretanto, com o autodesenvolvimento, podemos recuperar a nossa intuição e, com isso, fazer chegar à nossa mente consciente todo esse patrimônio de informações e sabedoria que está ao nosso dispor. Somos ricos de sabedoria, inteligência, amor, paz, alegria, compaixão e informações. Mas, para que possamos usar todas essas riquezas, precisamos saber como extraí-las da profundeza da mente.

Estaremos aptos a receber intuições que nos orientem para a realização de nossos desejos quando estivermos munidos de uma vontade justa e plena de amor incondicional e, ao mesmo tempo, livres dos fortes sentimentos de autocrítica, de interesses escusos, da intenção de tirar vantagem injusta em relação a algum de nossos semelhantes e de outros sentimentos menores e mesquinhos.

Quando se configurar em nós esse estado ideal, a mente subconsciente usará sua Sabedoria Infinita para nos transmitir impulsos de intuição voltados para a cura, para nos garantir ampla proteção em todos os sentidos, e para proporcionar conhecimentos e energia suficientes para que possamos realizar o que for necessário na direção de nossa felicidade. Vale, contudo, observar que, na presença de tensões, hostilidade, tristeza, medo ou apreensão, teremos muita dificuldade para identificar a intuição correta. Por outro lado, se estivermos em harmonia e tranquilidade e se acreditarmos com convicção, estaremos sempre sendo guiados em nossas necessidades.

O nível de nossa felicidade é determinado pelo hábito maior ou menor que temos quanto ao uso de nossa mente subconsciente, que está sempre reproduzindo as mensagens que já recebeu e continua a receber da mente consciente.

CONVERSE COM SEU BEBÊ

Fetos e recém-nascidos estão naturalmente sujeitos às leis da natureza e, ainda, não apresentam defesas conscientes; portanto, a mente subconsciente deles está completamente aberta às influências externas que os cercam. É dever da mãe conversar com seu futuro filho a nascer ou com seu bebê, para incutir-lhes no pequeno subconsciente todos os paradigmas positivos que, no futuro, lhes serão de muita utilidade. Tudo o que dissermos a esses pequenos seres ficará gravado na mente subconsciente deles como verdades incontestáveis.

Conversando adequadamente com seu bebê, você pode torná-lo um futuro adulto iluminado para a vida.

Conheci um senhor na Índia que tinha poderes extraordinários de telepatia, recebendo comunicações mentais com relativa facilidade. Demonstrou-me sua aptidão de maneira inquestionável em diferentes situações. Perguntei-lhe se tinha noção do que o levava a realizar aquelas comunicações telepáticas e ele me revelou que, quando era muito pequeno, sua mãe costumava lhe dizer que, quando crescesse, ele iria poder conversar com outras pessoas sem a necessidade de palavras. Seu subconsciente adotou o paradigma, e aquela faculdade passou a fazer parte integrante de seu ser.

A CLARIVIDÊNCIA E A CLARIAUDIÊNCIA

Clarividência e clariaudiência são faculdades que existem naturalmente em todos nós. Em algumas pessoas, essas faculdades podem estar em estado de hibernação, mas, ainda assim, encontram-se perfeitamente vivas e podem ser desenvolvidas. Essas duas aptidões e tantas outras que transcendem a detecção de nossos sentidos e, por esse motivo, são chamadas de extrassensoriais, quando desenvolvidas, permitem a um indivíduo pensar de forma otimizada, ver e escutar a qualquer distância, comunicar-se com seres humanos ou com espíritos que estejam em outra dimensão, prever o futuro, visualizar o passado e viajar a diferentes lugares, independentemente do corpo material.

Pela clarividência, podemos ver ou sentir a distância fatos que estejam acontecendo naquele momento. Em contrapartida, a clariaudiência nos permite escutar a voz de nossa intuição ou a de alguma outra pessoa, principalmente parente ou amigo, que se encontre distante. Esses poderes estão latentes ou operativos em cada um de nós e não se relacionam com qualquer sentido de espaço e de tempo.

Há inúmeros relatos da ação da clarividência ou da clariaudiência. Pessoas contam que assistiram ao falecimento de entes queridos que viviam em outras regiões do mundo, sem terem de se deslocar até onde eles estavam. E algumas acrescentam que chegaram a ouvir as mensagens de adeus dadas por esses parentes antes de morrer.

Cada ser humano tem uma aura de energia que faz parte da aura coletiva da humanidade. Quando algum evento altera de maneira forte e repentina a aura de uma pessoa, essa alteração pode ser captada a distância, sobretudo por pessoas que estejam mais sintonizadas com a frequência dela.

Quem tem facilidade para ler o subconsciente de outras pessoas tem o poder da clarividência subjetiva. E assim, por sua vontade direta, consegue obter uma quantidade significativa de informações adicionais sobre assuntos de seu interesse.

Há outras formas de obter a clarividência, como é o caso de indivíduos que se tornam automaticamente clarividentes quando são hipnotizados, fato que tem sido constatado com muita frequência por profissionais do setor.

Algumas pessoas, sob a ação da hipnose, são induzidas à regressão a vidas passadas; contudo, esse assunto requer muito cuidado. O subconsciente, no estado de clarividência induzida, pode mesclar a realidade com fatos que leu, ouviu ou vivenciou e, assim, a pessoa não estará verdadeiramente acessando informações de suas vidas passadas. O subconsciente também pode captar experiências de outras pessoas e incorporá-las à história que estiver relatando no momento, dando, igualmente, uma informação falsa sobre as vidas passadas da pessoa em questão.

A TELEPATIA, A PRECOGNIÇÃO E A RETROCOGNIÇÃO

O sucesso da comunicação mental entre as pessoas, a telepatia, é um dos princípios básicos para que possamos afirmar convictos que existe um superorganismo uno, no qual os seres humanos atuam como neurônios de um imenso cérebro global.

A relatividade do tempo e do espaço é outra constatação quando se trata de precognição e de retrocognição. O espírito e a mente subconsciente não estão sujeitos à ação do tempo. Por isso, a possibilidade de visualizar mentalmente ocorrências futuras (precognição) e fatos do passado (retrocognição) são naturais quando se trata de fenômenos ligados ao subconsciente.

Muitas pessoas pressentem fatos que acabam acontecendo. Outras sonham ou têm visões que terminam por se realizar. Esses fatos acontecem por causa da percepção extrassensorial que transcende nossos sentidos.

VENDO A CRATERA NA ESTRADA

Uma senhora, minha conhecida, que vivia no Chile e estava de passagem pelo Espírito Santo, acompanhando o marido em uma viagem que unia negócios e lazer, contou-me, impressionada, uma experiência que tivera.

Em Vitória, ela hospedou-se na casa de alguns parentes enquanto seu marido seguiu de automóvel para o sul da Bahia, em um início de noite, sob forte e contínuo temporal. Em determinado momento, pressentiu que a estrada percorrida por seu marido havia cedido com as fortes chuvas e, nela, se formara uma imensa cratera.

Tentou entrar em contato com o marido pelo telefone celular, mas não conseguiu. Como conhecia o uso da mente infinita, ela pôs-se, concentradamente, a enviar-lhe uma mensagem para que não continuasse a viagem. Felizmente, ela foi bem-sucedida e, posteriormente, ele contou-lhe que, em dado momento, sentira como se a ouvisse dizer: "A estrada caiu. Pare o carro e retorne".

A mensagem havia sido tão clara que ele não hesitou em obedecer. Depois, ficou sabendo que a estrada tinha realmente cedido e, se tivesse continuado, sobretudo no escuro, poderia cair com seu carro em um verdadeiro precipício onde a vasta cratera se formara.

Como este, existem inúmeros outros exemplos em que a comunicação telepática e a clariaudiência interagem. A telepatia é muito mais observada entre amigos e parentes, nesta ou em outra dimensão, pois eles se encontram naturalmente em melhor sintonia e a comunicação mental entre eles é permanente.

A história refere-se a inúmeros homens que tiveram a capacidade de ver acontecimentos futuros.

Michel Nostradamus foi um exemplo claro e notável do uso da precognição. Na edição em língua portuguesa do livro *Profecias de Nostradamus*, de 1954, surge a pergunta: "Como é possível ver o futuro?". E, em trechos da resposta, pode-se ler que o Antigo Testamento está cheio de profecias notáveis sobre o futuro dos povos.

Na carta que escreveu a Henrique II, rei da França, Nostradamus, que nascera em 14 de dezembro de 1503, confessa que se serviu de sua intuição natural e de profundas meditações, e que o dom da profecia emana de Deus. Diz, ainda, ter-se valido de cálculos astronômicos para definir as épocas a que se referiam as visões, em razão do posicionamento dos astros.

Nostradamus previu em detalhes a Revolução Francesa, em 1789; a vida de Napoleão I, desde 1804 até 1815; a guerra entre França e Prússia, de 1870 a 1871; a Primeira Guerra Mundial, de 1914 a 1918; a vida de Hitler, de 1930 até sua morte, durante a Segunda Guerra Mundial, que durou de 1938 a 1945; e previu, também, sua própria morte, em 2 de julho de 1566. Muitíssimas outras previsões não foram tão claras e, por isso, ficaram sujeitas a interpretações.

A aceitação da visão do passado, ou retrocognição, é, para o gênero humano, muito mais simples de ser aceita, pois o passado já aconteceu e está gravado na memória universal, da qual nossa mente é parte integrante. Cada subconsciente é como uma entrada para a mente global, mas devemos sempre enfatizar que, para a vida espiritual, tanto o futuro quanto o passado acontecem no presente, uma vez que a noção de tempo não existe nessa dimensão. O futuro que enxergamos é o que percebemos a partir de nossa existência atual, em que conceitos de tempo e espaço existem; porém, como nossa mente atua além do mundo tridimensional, ela pode alterar esse futuro.

A hipnose nos permite retroagir com mais facilidade em nosso tempo, mas são inúmeros os indivíduos que já desenvolveram a capacidade de ver o passado no momento que seu consciente desejar. Capacidades como clarividência, cognição e retrocognição são mais desenvolvidas nos países orientais, mas já estão se disseminando hoje em todo o mundo.

EXPERIÊNCIA FORA DO CORPO: VIAGEM EXTRASSENSORIAL

Pessoas que estejam suficientemente iluminadas no desenvolvimento mental podem instruir suas mentes subconscientes para projetá-las a outros lugares, realizando, assim, viagens extrassensoriais. E quanto mais realizarem essas viagens, mais conseguirão desenvolver seus sentidos materiais, aplicados à nova frequência em que se encontram. Nessas experiências, as pessoas projetam outro corpo aos locais distantes aonde querem ir, pois, como seres materiais e espirituais que são, sempre terão um corpo durante suas vidas infinitas. Esse corpo tanto pode ter a constituição humana normal quanto pode ser o chamado corpo quadridimensional ou subjetivo, que é mais sutil e nem sempre é detectado pelos limitados sentidos humanos. A diferença entre as densidades dos corpos assemelha-se àquela que existe entre a água, o vapor e o gelo, que são três formas de uma mesma matéria, só que em densidades diferentes, ou seja, vibrando em diferentes frequências moleculares.

Todos os seres estão capacitados a vivenciar essas experiências, desde que atuem de forma adequada. Afinal, todos temos uma existência além do tempo e do espaço.

O momento mais propício para a realização de viagens extrassensoriais é aquele imediatamente antes de dormir, ou durante nosso sono. Aliás, os sonhos são, na realidade, extratos do que existe em nosso subconsciente. É por isso que muitas soluções para os problemas que nos afligem surgem durante os sonhos, inclusive as soluções que requerem viagens extrassensoriais para serem encontradas. É evidente que, além dos sonhos de significação perceptiva, existem muitos outros que acontecem pelas mais variadas causas, como distúrbios emocionais ou orgânicos, repressões, medos, tabus, fatos que nos impressionaram, etc.

Certa ocasião, um jovem universitário canadense disse-me que nunca sonhava. Sugeri-lhe então que, antes de dormir, transmitisse ao seu subconsciente a seguinte instrução: "Eu consigo me lembrar de meus sonhos". Ele começou a fazer isso e, prontamente, sua mente subconsciente passou a seguir a instrução recebida.

Para pessoas que não conseguem visualizar as limitações de seus sentidos humanos e, por isso mesmo, ainda não acreditam nas percepções extrassensoriais, proponho uma reflexão: imagine um ser que vive na Terra e só consegue perceber as coisas sólidas que nela existem. Apenas isso!

Evidentemente, esse ser não terá condições de ver ou entender uma série dos fenômenos facilmente compreendidos pelo homem comum de nossos dias, pois este lhe é sensitivamente superior e já ultrapassou essa fase limitada de percepção. Assim, tal ser não conseguirá explicar uma série de coisas porque seus sentidos somente lhe proporcionarão informações parciais; nem sua respiração ele conseguirá entender, por não ser capaz de perceber a existência do ar. Tampouco conseguirá aceitar a chuva, os rios e os mares, por não entender a água, assim como não entenderá o vapor, o fogo e a fumaça, etc.

Da mesma forma, os homens que já se encontram em um nível de desenvolvimento superior ao das pessoas em geral conseguem superar o entendimento das percepções extrassensoriais. Dos que ainda não atingiram esse estágio de iluminação e não conseguem ver mais do que uma pequena parte do mundo em que vivem, espera-se que façam como os operadores de motores elétricos, que os utilizam mesmo sem poder ver ou explicar a eletricidade e o mecanismo que os faz funcionar. Utilizam-nos porque sabem como os motores operam. Assim, também podemos começar a utilizar os poderes infinitos da mente apenas sabendo como se faz, sem necessariamente compreender isso em profundidade. Dessa forma, estaremos desenvolvendo nossos sentidos, para que estes possam alcançar um grau de iluminação semelhante ao daqueles que, hoje, chamamos de videntes.

O PODER DO PENSAMENTO E A FELICIDADE

O uso da mente infinita destina-se a todos que desejam encontrar a felicidade e mantê-la em sua vida. Por isso, é necessário um trabalho de conscientização e de autodesenvolvimento que limite tudo aquilo que nos impede de ser felizes.

É uma questão de prioridade pessoal. Muitos homens levam a vida de forma completamente desaconselhável. Quando se conscientizam da importância da felicidade, passam, progressivamente, a modificar suas ações. A plena convicção de que a felicidade é possível, aliada à vontade e à perseverança para buscá-la, certamente a farão manifestar-se. E a recompensa por essa busca será infinitamente superior a qualquer experiência anterior.

O homem não deixa de existir quando morre, mas sim quando deixa de sonhar. Sonhemos, pois, com nossa felicidade e trabalhemos seriamente para concretizar nossos sonhos.

PRÁTICA DIÁRIA

Independentemente do que você quiser extrair deste livro para aplicar em sua vida diária, recomento esta atividade em especial:

❖ Todos os dias, pela manhã ou à noite, em completo relaxamento, imagine-se inteiramente envolvido por um círculo dourado de luz e repita várias vezes: *"saúde, riqueza, harmonia"*.

Com isso, você estará reforçando, em seu subconsciente, a noção ampla de saúde do seu organismo total e, ao mesmo tempo, trazendo à tona seus talentos amortecidos ou adormecidos, bem como estará fazendo emergir novas ideias e reforçando as virtudes necessárias ao desenvolvimento de sua prosperidade material e espiritual. E, ainda, incutirá cada vez mais na mente subconsciente as ideias de paz, tolerância, paciência, compaixão e respeito por seus semelhantes.

O círculo de luz dourada o protegerá, criando em sua mente uma aura de impermeabilidade a qualquer mal que lhe for direcionado.

Os resultados dessa prática costumam ser excepcionalmente bons. Basta que você a faça e acredite no que estiver fazendo. Com a repetição, seu subconsciente reforçará os paradigmas positivos ou substituirá os originais indesejáveis por outros, mais apropriados e focados para a felicidade.

> "Não use imprudentemente o tempo,
> as palavras ou os pensamentos;
> eles não são recuperáveis."

CAPÍTULO 9

A MUDANÇA DE PARADIGMAS

Quando voltamos os olhos ao passado, temos a clara noção do movimento cíclico pelo qual passaram, e passam, todos os povos, alternando períodos evolutivos com outros de decadência. O desenvolvimento da mente individual, contudo, não segue esse padrão, pois, em média, o que se observa é uma constante evolução. Vez por outra, aparecem homens iluminados que representam os picos de evolução na estatística da mente humana e que se destacam, em grande parte, pelo uso diferenciado que fazem do subconsciente. Foi o caso de Buda, de Cristo e de tantos outros. É nitidamente crescente, porém, e hoje em dia mais do que nunca, o número de pessoas que buscam aprimorar o conhecimento da mente e que adquirem consciência de seu poder infinito.

O uso de tais poderes da mente tem sido muito mais difundido, pois diferentes autores têm abordado o tema e o número de leitores interessados se multiplica. Por causa disso, os resultados aceleram-se cada vez mais e são facilmente constatados até mesmo pelos não iniciados na matéria.

AS CRISES E AS MUDANÇAS

Quanto mais profundas as crises, mais significativas são as mudanças necessárias para sua superação. Por outro lado, as soluções encontradas sempre geram efeitos colaterais, proporcionais à profundidade delas. Por causa da difícil situação em que se encontra atualmente a humanidade, existe a expectativa de importantes transformações para enfrentar as crises mundiais e regionais.

Os problemas que enfrentamos são de diferentes naturezas, porém, como são interligados, somente poderão ser solucionados se houver uma disposição efetiva e prioritária do conjunto das nações para a implantação de mudanças radicais nos objetivos econômicos e sociais e, sobretudo, nos valores humanos e nos pensamentos e sentimentos.

Tais mudanças são extremamente necessárias e esperadas. Os paradigmas que toda a humanidade e as sociedades, em particular, adotam em função de suas experiências históricas e tradicionais representam as maiores dificuldades para a implementação dessas mudanças. Faltam coragem e vontade para enfrentar e superar tais paradigmas. A superação dessas crenças é tão difícil quanto o é a das barreiras que encontramos e precisamos superar cada vez que desejamos mudar algo em nossa vida.

OS PARADIGMAS DE HOJE

Um paradigma é definido como um conjunto de suposições afirmativas relativas a um campo específico da vida humana. É o conjunto de leis e dogmas que condenam à impossibilidade de mudança as atividades que dizem respeito a esse determinado campo. Dificilmente um paradigma enfrenta uma contestação. E sua desqualificação só é considerada se surgir um fato que se oponha a ele com uma intensidade tal que não possa mais ser ignorado.

A humanidade tem paradigmas que a acompanham, na maioria das vezes, ao longo de vários séculos e, por isso mesmo, são ainda mais difíceis de ser alterados. Todos os períodos da história contribuíram, de uma maneira ou de outra, para a formação dos paradigmas. De forma geral, eles foram criados a partir de fatos ou ocorrências pontuais, em determinados momentos da história, e se tornaram abrangentes a ponto de, com o tempo e o uso, constituir um sistema de crenças profundamente arraigado na sociedade, com enormes reflexos na vida dos indivíduos que a constituem.

A título de exemplo, e como material de reflexão, consideremos aqui algumas ideias paradigmáticas que se fixaram como verdades absolutas em nossa mente e podem dificultar-nos a caminhada em busca do pleno desenvolvimento da consciência:

a) **"Só ciência"** – esse paradigma nos leva a acreditar que só se deve aceitar como conhecimento válido aquele que possa ser cientificamente comprovado por meio de experimentações.

b) **"Máquina"** – aqui somos induzidos a pensar que tudo o que existe, inclusive no corpo humano, é formado por conjuntos ou peças de máquinas mecânicas.

c) **"Competitividade"** – esse conceito, que coloca o **"você ou eu"** em sobreposição ao **"você + eu"**, tem sido, hoje, aplicado na vida de quase todos os homens.

Um forte aliado na perpetuação dos paradigmas é o hábito. De tanto ver uma coisa, o ser humano se habitua a ela e até deixa de vê-la. Os paradigmas são tão reforçados na sociedade que já nem os percebemos; de tão habituados com eles, nem nos damos conta de sua existência e, portanto, não os questionamos.

Como a proposta deste livro é fornecer elementos úteis à evolução mental, é oportuno recomendar cautela quanto ao hábito de corrigir pontos fracos. Quando esse hábito leva a uma prática corretiva excessiva, a atenção se concentra nos pontos fracos, e isso coloca em risco todo o progresso que se pretende alcançar. É preciso levar em conta que a melhor forma de evoluir é aperfeiçoando e concentrando atenção nos pontos fortes. A mente é nosso ponto mais forte.

Todo talento é, em parte, recebido dos antepassados como herança genética, mas também se deve à educação recebida ao longo de vidas passadas e, sobretudo, daquela educação recebida na mais tenra idade. É nessa fase da vida, principalmente até os 3 anos, que se desenvolvem conexões cerebrais específicas para atender aos estímulos que se possa receber em relação a determinado talento. Na idade adulta, independentemente de talentos maiores ou menores, a mente já tem todas as conexões mínimas necessárias para realizar o *"desvendar da consciência"*, se o indivíduo assim o desejar. O que falta, às vezes, é aproveitar esse potencial imenso de que dispomos, superando nossos paradigmas, e nos concentrando no uso de nossa mente infinita.

A NOVA EVOLUÇÃO: O DESVENDAR DA CONSCIÊNCIA

Quando temos a oportunidade de estar, à noite, em um local pouco iluminado e sossegado, e com o pensamento livre, olhamos para o firmamento, pontilhado de estrelas, em sua magnitude, e o contemplamos... Então, imersos nessa contemplação, questões profundas nos vêm à mente e nos perguntamos: "O que significa toda essa imensidão?", "Qual a dimensão real deste Universo que abarca muitos bilhões de astros?", "Como a Terra se encaixa nesse conjunto inexplorado?", "Existirá vida também em outros corpos celestes?", "Como nos inserimos em todo esse contexto?". E a essas questões segue-se a curiosidade natural de imaginar como todo esse mundo começou, e nos vêm novos questionamentos: "Qual terá sido nossa origem?", "Como o homem evoluiu ao longo dos tempos?"

Após a formação da Terra e o estabelecimento da vida no planeta, surgiu o homem. Sua evolução se deu em decorrência dos desenvolvimentos que foram surgindo, como a linguagem, a escrita, a imprensa, a agricultura, as religiões e, até mesmo, das descobertas aceleradas pelas guerras globais e pela necessidade da conquista do espaço. Hoje, estamos no limiar do desenvolvimento de um novo elemento para a evolução da humanidade: o *"desvendar da consciência"*. E, consequentemente, da utilização conjunta das mentes consciente e subconsciente.

O maior salto evolutivo do homem, neste terceiro milênio, será proporcionado pelo *"desvendar da consciência"*. O tema, porém, que hoje é uma realidade, já se depara com um forte opositor: o conceito arraigado que temos de interpretar nossas ações como provenientes apenas da mente racional, e não de nosso organismo por inteiro.

Desde o surgimento do **Homo Sapiens**, a base da evolução humana tem se concentrado no aspecto sociocultural, uma vez que o corpo físico, em sua essência, pouco tem se modificado. Por outro lado, o desenvolvimento da sabedoria, dos sentimentos positivos e do espírito tem ficado bem aquém das conquistas da ciência e da tecnologia. A evolução mental é, pois, o grande salto evolutivo que se espera no momento.

A SUBSTITUIÇÃO PRÓXIMA DOS PARADIGMAS ATUAIS

Felizmente, o paradigma "*máquina*" já está sendo superado. O desenvolvimento da teoria da relatividade, que ultrapassa em definitivo as noções básicas de tempo e espaço absolutos, de partículas elementares da matéria e da definição estritamente racional da natureza, permitiu que tal paradigma fosse colocado em xeque. Com isso, o Universo deixa de ser considerado um conjunto de máquinas para adquirir a forma de um todo, composto de partes relacionadas entre si, incluindo os seres vivos.

Nesse contexto, a participação dos homens adquire o conceito de inter-relação de mentes. Evidentemente, esse conceito abrangerá cada vez mais seres humanos e, em um futuro próximo, teremos o "*você + eu*" no lugar do "*você ou eu*".

A ideia de "*só ciência*", atualmente, também tem se mostrado conflitante com o desenvolvimento natural do subconsciente, e isso significa que, apesar desses paradigmas, estamos de fato nos aproximando do sentido de Universo global vivo, integrado pelas mentes humanas como computadores interligados em rede.

Nosso presente nos transporta do nível biológico para o da consciência e do nível material puro para o patamar mais elevado, em que espírito e matéria constituem um único conjunto.

Antes da metade do século XVIII, as oportunidades de trabalho concentravam-se na produção de alimentos. Com o advento da Revolução Industrial, os postos de trabalho concentraram-se nas indústrias. Nos últimos anos, essa concentração passou para o setor da informática. Hoje, porém, há um segmento que tem atraído significativo contingente de trabalhadores em suas atividades, prometendo superar todas as demais. Trata-se do segmento destinado ao desenvolvimento da consciência, incluindo seus aspectos psicológicos e psicossomáticos, e a utilização mais ativa da mente.

O trabalho voltado para o desenvolvimento da consciência representa uma abertura efetiva para a concretização da tão falada aldeia global; é a real globalização das mentes conscientes. Esse novo patamar de evolução é, sem dúvida, decorrente de tudo o que tem sido feito para aperfeiçoar a consciência individual. À medida que mais e mais pessoas forem tendo a consciência individual aperfeiçoada, a consciência coletiva se expandirá e, por fim, poderemos ter um superorganismo social.

O que tem contribuído muito para a alteração dos paradigmas vigentes é a crescente ideia de que a ciência, em seu atual estágio de desenvolvimento, é insuficiente para explicar claramente a existência de certos fenômenos reais que acontecem entre nós. Apesar disso, sobretudo nos últimos anos, e na tentativa de manter nossas crenças, um número considerável de cientistas continua tentando explicar fenômenos que, antes, eram tidos como sobrenaturais e, hoje, são inquestionáveis em sua realidade.

Para essa cruzada pela manutenção das crenças, os cientistas nela envolvidos trabalham com os mesmos paradigmas que têm sustentado a ciência ao longo dos anos. Ou seja: para que um fenômeno seja aceito é necessário comprovação científica, o que se dá por meio de experimentações. E toda experimentação, para ser válida, precisa ser repetida em diferentes laboratórios, sempre produzindo os mesmos resultados.

Herbert Benson, cardiologista americano da Universidade de Harvard, em testes comparativos entre pacientes que utilizavam a mente na busca de solução para seus problemas cardiovasculares, e outros que não o faziam, encontrou taxa de recuperação mais elevada entre aqueles que utilizavam a mente. Diante disso, o dr. Benson considerou a hipótese de ocorrerem alterações químicas diferentes e favoráveis nos cérebros de pessoas que utilizam a mente. Investigações nesse sentido também têm sido feitas pelo Centro de Estudos da Ciência e da Religião, da Universidade da Califórnia.

Da mesma forma, Andrew Newberg, radiologista da Universidade da Pensilvânia também comprovou, por meio de tomografias computadorizadas, as alterações que ocorrem no cérebro durante a meditação. Mais categórico, David Felten, do Centro de Neuroimunologia da Universidade de Medicina Loma Linda, Califórnia, afirmou que aquele que consegue controlar a própria mente é capaz de provocar reações positivas em seu sistema imunológico.

Essas comprovações adicionais, resultado do trabalho de pessoas dedicadas à ciência, mostram que a mente atua sobre o cérebro, assim como sobre o restante do corpo, para obter os melhores resultados na consecução de seus objetivos.

Tanto Stephen Hawking, extraordinário pensador moderno inglês, como o pesquisador Albert Einsten admitiram que somente Deus pode responder por que o Universo existe.

A ciência tem seus limites, até mesmo pelas limitações dos sentidos humanos. Não podemos, pois, desconsiderar os fenômenos que nos cercam nem seus efeitos, apenas porque a ciência não os pode explicar.

Nos esportes, atualmente, existe uma nova "técnica" que tem se expandido bastante e que consiste em reforçar o treinamento de atletas com o uso da mente, por meio da imaginação, evitando, assim, o uso excessivo de importantes grupos musculares e seu consequente desgaste.

Em uma das experiências, para comprovar a eficácia da técnica, solicitou-se a um grupo de pessoas que mentalizassem movimentos repetitivos com o dedo indicador da mão direita. Ao final de algumas semanas, a musculatura dos dedos indicadores das pessoas envolvidas na experiência tinha se desenvolvido como se tivessem praticado fisicamente o exercício.

Outra experiência muito interessante voltada à comprovação da mesma técnica, que altera certos paradigmas esportivos, envolveu dois grupos de pessoas. O primeiro passou por um treinamento convencional de tiro ao alvo, diariamente, durante 30 dias. O segundo, durante o mesmo período e no mesmo local onde o primeiro grupo estava sendo treinado, apenas simulava: sem arma, os membros do segundo grupo apontavam o alvo com o dedo. No final dos 30 dias, os dois grupos foram submetidos a testes e os resultados entre ambos foi praticamente o mesmo, demonstrando que o treinamento imaginativo pode substituir com vantagem o convencional, pois não ocasiona desgastes musculares.

Quando os paradigmas se alteram, os resultados se otimizam, e isso ocorre em todos os campos da vida humana.

"A vida não é uma corrida, mas sim uma viagem que deve ser desfrutada a cada passo."

CAPÍTULO 10

O DESVENDAR
DAS CONSCIÊNCIAS INDIVIDUAL E COLETIVA

Estamos, neste momento da história da humanidade, caminhando para a materialização definitiva de um superorganismo social em que todas as suas partes trabalharão em perfeita sinergia, cada uma em seu próprio benefício, e, ao mesmo tempo, operando para o interesse do todo. Tal conjunto vai requerer a cooperação de todos, sob pena de adoecer. E, em caso de falha da ação coletiva, o superorganismo poderá ser considerado morto, mesmo que ainda possa estar sobrevivendo, de forma isolada e individual, em poucas de suas partes. Essa consciência de cada um é, pois, imprescindível para o benefício de todos e também, naturalmente, para o benefício individual.

O SUPERORGANISMO

Imaginemos a Terra em sua formação, porém já com todos os elementos químicos que a constituem hoje. Em outras palavras, aqueles átomos que existiam no planeta durante sua formação são os mesmos que existem hoje. Podemos, assim, imaginar com clareza o princípio das transformações da natureza. Átomos que em determinado momento eram partes integrantes de oceanos, florestas ou desertos, variando suas combinações e as funções de suas partes, passam a compor outras estruturas físicas e podem, até mesmo, ser partes de corpos humanos.

Diante disso, forma-se, mais uma vez, diante de nós, a clara ideia de que, de fato, formamos um grande conjunto, em que partes orgânicas e minerais se intercambiam de forma contínua. E a noção da existência terrena de nossos corpos fica, assim, cada vez mais evidente.

Intuitivamente, percebemos que nossos corpos constituem a parte material de subconjuntos transitórios humanos que, na realidade, são elementos de um grande conjunto maior, que é a Terra. O intercâmbio entre todas essas formações, sejam vegetais, animais ou minerais, é um processo contínuo que mostra, de forma transparente, ser a morte humana apenas uma etapa de uma vida que se estende infinitamente pelo passar dos séculos.

Um dos aspectos que certamente se beneficiará do conceito do superorganismo é a própria conservação do planeta em que vivemos. Em um esforço necessário para preservar o meio ambiente, será importante construir uma nova imagem do mundo que nos cerca, com um contexto menos explorador e mais cooperador, menos materialista e mais holístico, menos imediatista e mais interessado no futuro.

Assim agindo, estaremos combatendo efeitos que tanto nos afetam hoje, como a deterioração do ar de nossas cidades, o uso indiscriminado de agrotóxicos, o perigo de contaminação nuclear, inclusive pela guarda do lixo atômico, a degeneração de nossos rios e mares, bem como da atmosfera, e a condenação à extinção de inúmeras espécies vegetais e animais.

Além do meio ambiente, se desejarmos também evitar que se aumente o atual estado de deterioração social, teremos de adotar mudanças mais profundas, como:

a) No tratamento que dispensamos à totalidade de nosso organismo, tanto material como espiritual. A conservação do corpo físico é muito importante, porém, talvez, até mais importante que isso, é o desenvolvimento do uso da mente.

b) Nas exigências que, em razão de um egocentrismo exagerado, fazemos aos outros seres humanos e à sociedade. A consciência de que somos parte de um mesmo superorganismo, com total interconexão entre suas partes, nos é crucial.

c) Na ação sinérgica da humanidade pela compreensão de que, até mesmo para nosso próprio bem, somos todos cada vez mais dependentes uns dos outros. Para isso se faz imprescindível o desenvolvimento de sentimentos positivos tais como compaixão, respeito ao próximo e tolerância.

O mundo em que vivemos tem apresentado, de maneira veemente, uma deterioração social acentuada globalmente. Hoje, não são apenas povos isolados que necessitam de cuidados, como no passado, mas sim todo o gênero humano. Ou seja: o superorganismo, com todas as criaturas que nele habitam, necessita de cuidados.

Para alguns, em virtude da pouca atenção que dispensam à realidade mundial, pode parecer que os homens e as mulheres da Terra constituem apenas um conjunto de substâncias orgânicas ordenadas, cobertas por uma camada de pele. Mas, como sabemos, a realidade é bem diferente, pois somos muito mais que isso. Além da complexidade de nosso corpo material e da magnitude ilimitada de nossa mente, estamos integrados em um conjunto terrestre que compõe o Universo.

E aos que não aceitam a ideia de que o homem é parte de um superorganismo uno apenas porque não podem visualizar esse contexto com seus cinco sentidos, aos que não aceitam a própria limitação de entendimento do Universo em toda a sua magnitude infinita, basta que se lembre, por exemplo, da vida de uma pulga que habita o corpo de um cão. Ela vive ali; o corpo do cão é seu lar, é o lugar onde ela se alimenta, procria e morre. Será que essa pulga tem noção do que representa o cão no contexto do planeta? Será que ela tem condições de definir o cão como um ser vivo no qual ela vive? Será que a pulga tem alguma ideia da existência de outro animal qualquer que não aquele no qual ela vive? Certamente que não! No entanto, essa pulga é, de fato, parte de um super-ser vivo que vive em um local, em um continente dentre tantos outros que compõem um mundo ainda mais amplo, o qual chamamos Terra.

A TRANSFORMAÇÃO DE NOSSA IDENTIDADE

Toda a percepção que ainda temos do mundo é, mais ou menos, como se cada um de nós fosse um mundo próprio e "lá fora"; independentemente de nós, houvesse o restante dos seres e das coisas, aos quais dispensamos atenção secundária. Preocupamo-nos em acertar o mundo e nada fazemos a respeito dos acertos pessoais de que nós mesmos necessitamos, pois estamos mais interessados em que o que existe "lá fora" se ajuste a nós. É como se fossem duas entidades inteiramente distintas: o indivíduo e o resto.

Isso não é uma defesa à extinção da individualidade. É, na verdade, uma ênfase ao fato de que, embora nossa condição biológica individual seja concreta e inequívoca, essa individualidade faz parte de um todo perfeitamente sincronizado e em relação de interdependência com os demais indivíduos.

Aqueles que, tendo adquirido um elevado grau de autodesenvolvimento, já tiverem absorvido esse conceito, não terão mais a necessidade de reafirmar frequentemente a existência do ego. Eventuais críticas deixarão de ser motivo de angústia, e não mais serão interpretadas como ameaças pessoais, pois a paz, a tranquilidade e a autoconfiança já farão parte da vida deles. O amor ao próximo e aos demais componentes do Universo passará a ser incondicional, independentemente de simpatias e qualidades destes. Em síntese, indivíduos com elevado grau de autodesenvolvimento já terão alcançado uma perfeita consciência e a compreensão do mundo e buscarão, incansavelmente, arrebanhar outros seres humanos para essa mesma condição.

> Todos nós, sem exceção, podemos influenciar nossos semelhantes pelo que somos, por nossos pensamentos e desejos, e por nossas palavras e ações.

Quando tivermos atingido unanimidade nesse conceito, teremos alcançado um patamar muitíssimo mais elevado no bem-estar geral da humanidade. Teremos evoluído para um mundo sem conflitos e sem violência, sem sentimentos menores e negativos, um mundo de ampla e total tranquilidade e paz, onde a sensação de bem-estar estará presente em todos os corações.

A EVOLUÇÃO INDIVIDUAL DA CONSCIÊNCIA

Todos nós, certamente, desejamos com veemência e confiança alcançar tais objetivos em nosso aperfeiçoamento. Mas devemos, antes, nos conscientizarmos de que é preciso começar cuidando da evolução interior e da busca individual de estágios mais elevados de consciência. Se o fizermos, estaremos atingindo uma significativa evolução, pelo *"desvendar da consciência"*, para o desenvolvimento e a utilização integral de nossa mente individual com vistas ao resultado coletivo. Assim, o Universo estará evoluindo e dando um imenso salto de qualidade... Estaremos iniciando a Era da Consciência.

A ideia de autodesenvolvimento da consciência implica também a utilização de nossas virtudes individuais em todas as ações dirigidas ao uso do potencial de nossas mentes consciente e subconsciente. Em todos os pensamentos e atos para exploração desse potencial, quer sejam orações, meditações, demonstrações de devoção, alcance da fé, visualização de mensagens, atitudes de cura ou outros, devemos sempre dispor de um prévio e completo entendimento das funções e dos objetivos da mente humana, pois isso ajuda a otimizar os resultados que serão obtidos. De toda forma, para que se possa difundir as práticas do uso da mente ao maior número de pessoas possível, é fundamental valer-se de procedimentos simples a fim de que estes possam ser incorporados na vida cotidiana. É também importante que haja uma consciência coletiva de que, apesar das diferenças entre os seres humanos, cada um é um ser especial que tem, obrigatoriamente, todos os recursos mentais requeridos para o que se pretende.

Discute-se muito até que ponto as mentes humanas podem interferir umas nas outras. Será que é possível saber o que alguém está pensando sem a necessidade de palavras? Uma coisa é certa: em algumas circunstâncias, já recebemos influências de mentes alheias, mesmo que não o tenhamos percebido. Já é razoavelmente bem aceito o conceito de que nossos pensamentos são transmitidos através de ondas eletromagnéticas de baixíssima frequência (cerca de 10 Hz) e que, por isso, podem ser captados por outras mentes. Essa é uma forma de entender como as ideias se disseminam e de aceitar, com mais facilidade, o contexto de uma mente global.

Nossos corpos, bem como todas as coisas que habitam o planeta, emitem vibrações diferentes umas das outras. Nossos sentidos, porém, somente captam uma parte delas. Detectamos com facilidade o calor do fogo, o perfume do jasmim e os sons emitidos por animais e equipamentos diversos, mas nossos limitados sentidos não são capazes de detectar o ultrassom que é emitido em escala superior ao limite do ouvido humano. No entanto, essas frequências são captadas por outros animais que fazem parte de nosso planeta. De modo semelhante, nossa mente capta as ondas eletromagnéticas irradiadas por outras mentes, embora elas não sejam captadas por nossos sentidos comuns.

A AMPLIAÇÃO DA VISÃO COLETIVA

A nova dimensão que está sendo imprimida ao mundo implica uma visão mais interligada e interdependente de todos os segmentos que o compõem, como os fenômenos físico-químicos, biológicos, psicológicos, econômicos, sociais e culturais. Não é possível buscar uma evolução sistêmica sem considerar toda a malha constituída pelos diversos segmentos da ciência, pois cada um deles influi nos demais, de forma mais ou menos acentuada. A solução de um problema localizado em qualquer desses campos deve ter sua eficácia testada também em relação aos outros, prevenindo a geração de efeitos colaterais.

A visão macro que se deve ter do mundo, hoje, é a de um superorganismo no qual a humanidade opera como um cérebro global. Nessa visão, os seres humanos constituem os neurônios, interligados pelos atuais sistemas de comunicação e informação. O mundo hoje é um superorganismo em que seres vivos e minerais atuam como partes complementares; tudo e todos, tanto os homens quanto os demais seres vivos, são elementos de um mesmo conjunto, que é uno em sua essência.

A existência de uma vida posterior a esta que vivemos na Terra, que várias religiões suscitam, seja ela espiritual permanente ou pelas reencarnações sucessivas, é um fator que, em essência, em nada interfere na noção de vida infinita, que deve estar presente em todos nós.

Não importa que sejamos seres animados por almas, espíritos iluminados ou pelo Deus de nossa religião, pois a realidade é uma só. Nossa existência, de fato, é infinita no tempo que conhecemos, embora sujeita a inúmeras mutações de forma e conteúdo. O que realmente importa é o conceito firme e inquestionável de que todos e tudo constituem um superorganismo uno e vivo, denominado Terra, que é subordinado a um Ser Criador, que também é parte desse Todo. Depois disso assimilado, resta-nos considerar nosso planeta como parte de um conjunto maior, interplanetário e universal, que também constitui um organismo vivo global.

Somos uma coletividade humana que necessita desvendar a consciência, ou seja, adquirir a noção de que esta é a realidade, e de que somente cresceremos, individual e coletivamente, no momento em que tivermos a coragem de eliminar de nosso coração o sentimento que mais mal tem causado à humanidade desde seu início: o egoísmo. Como ferramenta fundamental para esse movimento, dispomos de nossa mente e da possibilidade de usá-la de maneira consciente, eficaz e eficientemente.

"Cada um pensa em mudar a humanidade, mas ninguém pensa em mudar a si próprio."

Em nossos momentos de meditação, peçamos sempre ao Grande Arquiteto do Universo, que é Deus, que nos dê força de vontade suficiente para fazermos todas as coisas que tivermos condições de fazer para alcançar nossa felicidade, que nos dê muita humildade para nem iniciarmos as coisas que não tivermos condições de fazer, e, sobretudo, que nos dê muita sabedoria para podermos distinguir umas coisas das outras.

CAPÍTULO 11

A SOCIEDADE
SINÉRGICA

Desde os primórdios da civilização, na maior parte dos períodos vividos pelos diferentes povos, a atitude motivacional humana tem sido quase inteiramente voltada para o interesse pessoal, de forma egoísta e sem muita preocupação com os outros seres vivos e com a natureza. É verdade, porém, que a história da humanidade mostra que já houve, em alguns curtos períodos, intervalos em que os homens cuidavam mais do meio ambiente e dos interesses coletivos.

Os homens deveriam ser, de fato, aquilo que aparentam ser pela imagem que irradiam de si próprios.

Infelizmente, o paradigma do desenvolvimento a qualquer custo como panaceia de todos os problemas está gravado no subconsciente de muitos até hoje. Por outro lado, devemos reconhecer que, nos últimos anos de nossa história, tem havido um movimento mental evolutivo, e isso tem levado a um despertar mais efetivo, a uma conscientização da necessidade de uma visão global do mundo.

Da mesma forma que nosso cérebro é constituído de bilhões de neurônios interligados por um complexo sistema de comunicação, reiteramos que a humanidade constitui um todo único em que os seres humanos se interligam pelos avançados sistemas de comunicação e de informação, bem como pelas ondas eletromagnéticas emitidas por suas mentes. Temos, assim, um cérebro Terra, composto, neste momento, por cerca de 7 bilhões de "neurônios", que somos nós. E temos uma interligação instantânea de todos os pontos do planeta onde estivermos, o que permite dizer que a ideia de "aldeia global" está se tornando realidade. Estamos em pleno salto evolucionário em nossa história. Estamos em uma nova era, a era da consciência e do uso amplo da mente a caminho da concretização do cérebro Terra.

A grande evolução da mente que está se espalhando pelo planeta representa, por si só, um extraordinário aperfeiçoamento espiritual de cada ser humano. Perseguimos, agora, uma consciência global que abrangerá todas as mentes.

O Universo, desde o início, desde a fase da pura energia, transitou pela matéria, pela vida e pelo homem, chegou à sociedade e, agora, se volta para a consciência. O passo seguinte a ser dado será, certamente, a unificação das consciências, e este, por sua vez, se dirigirá para a concretização do cérebro Terra. E, assim, estaremos em pleno percurso rumo à completa felicidade. Uma felicidade global que, por isso mesmo, ultrapassará os níveis da felicidade individual que eventualmente tenhamos atingido. E o grau evolutivo tão elevado dessas mudanças necessárias acabará por afastar de nós qualquer eventual desânimo, garantindo-nos, uma vez mais, que triste não é mudar uma ideia, mas não ter ideia para mudar.

A FORMAÇÃO DA SOCIEDADE SINÉRGICA

Ao nos concentrarmos na constituição de nosso organismo, observamos que cada uma de suas partes tem uma função específica, porém, todas atuam de maneira sinérgica e em harmonia com o todo. Como já dissemos antes, se houver falha em uma das partes, o conjunto deixará de gozar de plena saúde. Assim também se comporta a mente humana no que concerne à felicidade. Podemos gozar da felicidade individual, mas esta, por mais ampla que seja, será sempre parcial, pois a felicidade somente será completa quando tiver atingido a todos, indistintamente. Essa é a consciência exigida para a formação da sociedade sinérgica, com características globais.

Uma sociedade sinérgica terá mais vitalidade, pois será mais saudável e seus antigos conflitos serão praticamente eliminados. As estruturas de uma sociedade assim constituída serão repletas de harmonia e de ações realmente benéficas a toda a coletividade.

Analisando a situação sinérgica em que se encontram as sociedades do mundo atual, constatamos que, embora em estágios mais altos ou mais baixos, relativamente umas às outras, o nível de todas se situa abaixo do desejável. E, certamente, sempre com pouquíssima sinergia mental. Uma sociedade global com alto nível de sinergia não será alcançada sem que cada um inicie seu trabalho individual; só assim, com cada um fazendo sua parte, poderemos ter um verdadeiro paraíso sobre a Terra.

A conscientização é a única forma pela qual esse esforço, que deve ser de todos, poderá ser bem-sucedido. Neste terreno, nada conseguiremos pela imposição. Conscientizando-nos, estaremos adquirindo o direito de dizer aos nossos semelhantes:

"Diante da vastidão do tempo e da imensidão do espaço, é uma alegria para mim compartilhar uma época e um planeta com você."

(CARL SAGAN)

Devemos nos conscientizar de que, ao nos depararmos com um ser humano sofrendo por motivo de doença ou depressão, é nosso dever orientá-lo, por meio de palavras ou da comunicação mental, sobre a natureza de seu sofrimento, fazendo-o ver que a vida foi feita para sermos felizes e que ele deve recuperar imediatamente as esperanças, pois, à medida que colocarmos em uso as ferramentas da mente, estaremos, progressivamente, comprovando que o sucesso e a felicidade podem tardar, mas não deixarão de acontecer.

O PLANETA TERRA E A SOCIEDADE SINÉRGICA

Em uma sociedade sinérgica, tanto os seres humanos quanto todos os demais seres vivos e a natureza deverão ser cuidados, igualmente, como um todo homogêneo. Se o meio ambiente não estiver saudável e compatível com a vida do gênero humano sobre a Terra, o poder de nossa mente será insuficiente para nos assegurar uma saúde plena, sem a qual também não se pode ter felicidade plena.

Um número cada vez maior de homens e mulheres tem se tornado consciente de sua mente e da necessidade de desfrutar da natureza com responsabilidade e respeito. Não temos como alterar as leis naturais da física, da química e da biologia, mas podemos influir decisivamente na formação de uma nova economia, de novas políticas regionais e globais e de um novo grupo de regulamentos e hábitos sociais. Lembre-se sempre: aquilo que pensarmos hoje sobre nosso futuro terá enorme influência na construção deste.

SINCRONICIDADE OU COINCIDÊNCIA ?

Aquilo que juntos podemos construir será algo muito mais globalizado do que a tão falada globalização dos dias de hoje, que é imbuída de um espírito puramente materialista. Chegaremos ao nível da globalização da mente, em que a sincronicidade substituiria definitivamente o que hoje entendemos como coincidências ocasionais. Afinal, sincronicidade refere-se à interação de acontecimentos entre os quais não existem vínculos materiais aparentes, ou seja, o motivo da interação é desconhecido. Nas palavras de Carl Jung, "*sincronicidade é a percepção das coincidências significativas*".

Hoje já se pode falar abertamente de experiências envolvendo sincronicidade, apesar de ainda ser grande o número de céticos. Há algum tempo, podíamos ser ridicularizados ao falar sobre isso, porém, à medida que as pessoas têm modificado a visão estritamente cartesiana que tinham do mundo, elas têm se tornado mais receptivas ao tema. E, uma vez que tem aumentado o número de pessoas envolvidas com o desenvolvimento da consciência, a expansão de tais ideias ganha caráter endêmico, ampliando, assim, a velocidade de sua proliferação positiva.

A ocorrência de "*coincidências significativas*" tem sido divulgada com mais frequência, e isso representa maior aceitação da sincronicidade. Lembramo-nos de um amigo que não vemos há muito tempo e, não demora, o encontramos em um restaurante! Se formos explorar as causas dessa sincronicidade, acabaremos entendendo que o que nos atraiu para o encontro "*casual*" não foi nada de misterioso: simplesmente, as mentes se comunicaram. Afinal, no universo das radiações mentais eletromagnéticas que existem no mundo, captamos com mais facilidade aquelas que nos dizem respeito, que estão sintonizadas com nossa energia, e, portanto, somos atraídos por elas.

Quando começamos a desenvolver nossos poderes mentais, passamos a receber, com maior frequência e por meios invisíveis aos nossos sentidos, determinadas informações de que necessitamos, exatamente no momento em que mais precisamos delas. E, assim, inúmeras outras formas de sincronicidade passam a se manifestar, sempre em decorrência da comunicação mental entre as pessoas.

Sincronicidade é a mente subconsciente em plena ação, buscando solucionar os problemas que lhe foram transmitidos pelo consciente, por meio do pensamento. Em uma sociedade sinérgica, quando todas as mentes estiverem se comunicando e se ajudando mutuamente, a vida será bem mais fácil.

UM EXEMPLO DE SINCRONICIDADE

Conversando sobre sincronicidade, um amigo contou-me um fato que vivera já há algum tempo e que exemplifica de maneira clara esse fenômeno.

Esse amigo, um empresário do Rio de Janeiro que atuava no ramo de radiocomunicações, estava prestes a fazer uma rápida viagem para tratar de negócios em Curitiba, quando, "coincidentemente", recebeu uma carta comercial da capital paranaense solicitando uma visita para discutir o possível fechamento de um negócio.

Como ia mesmo para Curitiba, ele levou a carta. Após concluir a reunião que tinha sido o motivo de sua viagem, ele se dirigiu a um dos recepcionistas da empresa em que se encontrava e pediu informação sobre a Rua Tereza, onde ficava a outra empresa, da qual recebera a carta pouco antes de viajar.

Surpreso, o rapaz da recepção disse-lhe que tal rua ficava fora de Curitiba e era muito pouco conhecida, de difícil localização. Contudo, por "coincidência", o recepcionista a conhecia e explicou que a Rua Tereza ficava perto do final de determinada linha de ônibus; disse ainda que lá havia uma guarita em que o empresário poderia obter mais informações.

O empresário agradeceu e se dirigiu a um ponto de táxis, mas nenhum taxista conhecia a Rua Tereza, que também não constava no mapa de Curitiba. Não obstante, ele entrou em um dos táxis e repetiu ao motorista a explicação que lhe fora dada pelo recepcionista.

Ao chegarem à guarita, foram informados de que a citada rua ficava em uma transversal da Estrada Curitiba-São Paulo, a cerca de três quilômetros dali, onde havia outra guarita em que poderiam obter mais informações.

Seguiram a nova orientação e, na guarita seguinte, receberam a informação definitiva sobre a localização da rua, onde somente havia a empresa que procuravam.

Bem recebido pelos diretores da empresa, meu amigo teve uma proveitosa reunião e firmou um contrato para a instalação de um sistema de radiocomunicações. Ao se despedirem, um dos diretores da empresa quis saber como meu amigo tinha localizado a Rua Tereza e, ao ouvir a descrição do ocorrido, ficou estupefato, pois aquele recepcionista havia trabalhado em sua empresa e, certamente, era uma das poucas pessoas em Curitiba que saberia lhe informar com tanta precisão. E foi justamente aquela pessoa que, por "coincidência", o empresário carioca escolheu para obter a informação desejada.

Casos como esse acontecem com frequência conosco, mas nem sempre nos damos conta de tudo o que neles está envolvido.

A INTER-RELAÇÃO ENTRE AS MENTES (E ENTRE OS HOMENS)

Mateus expressou com clareza a mensagem de Cristo ao enfatizar: "Não julgueis para que não sejais julgados, pois com o mesmo critério que usardes para julgar, sereis julgados". É claro que Jesus Cristo conhecia e fazia amplo uso do poder da mente.

Essa mensagem nos diz que nossa mente subconsciente aplicará a nós, em situações semelhantes, os mesmos critérios que nós lhe tenhamos transmitido, com os pensamentos e as palavras que utilizamos para analisar e julgar outras pessoas. Lembre-se de que o subconsciente não tem poder de crítica ou de análise; ele simplesmente grava o que recebeu e o utiliza posteriormente.

Cada um colherá aquilo que tiver plantado em sua mente. Não devemos, pois, fazer ou dizer nada em relação aos nossos semelhantes o que não gostaríamos que fosse feito conosco.

Esse preceito deve ser adotado na prática. Quando alguém nos dirigir palavras que nos desagradem, devemos procurar reagir da forma mais adequada à nossa consciência. Inicialmente, é preciso entender que o que nos afeta não são as palavras que nos são ditas, mas sim como as interpretamos e a forma como reagimos a respeito delas. Sabendo disso, e com uma boa dose de tolerância e paciência, podemos responder a uma agressão verbal com palavras de harmonia e paz, que desarmarão aquele que, porventura, tenha tentado nos ofender.

No conceito de sociedade sinérgica, ninguém estará sujeito a ações como a deste dito popular: *"Quem com ferro fere, com ferro será ferido"*. Isso porque *"evitar ferir alguém"* será preceito básico dessa sociedade.

Mas não é o caso de esperar pela implantação da sociedade sinérgica para adotar esse preceito; ela só será uma realidade se cada um de nós começar a fazer sua parte agora. Assim, ao receber palavras agressivas, não responda *"na mesma moeda"*; afinal, ninguém poderá irritá-lo, a menos que você permita.

Repetimos ser imprescindível que afastemos de nós sentimentos como raiva e ódio, pois eles só fazem mal ao nosso organismo e ao convívio social. Certamente, não é tarefa fácil, mas o esforço deve ser empreendido, pois isso faz parte de nosso caminho para a felicidade.

Apenas conseguiremos abrir o coração dos outros quando nos dispusermos a abrir nosso próprio coração.

Quando enviarmos mensagens ao nosso subconsciente, devemos sempre desejar saúde, sucesso, paz e felicidade às outras pessoas. O resultado, para nós, será sempre semelhante. Precisamos, com atitudes mentalmente maduras, deixar de responder negativamente às críticas que nos são dirigidas, pois, quando o fazemos, atingimos a autoestima da outra pessoa e, com isso, perdemos a oportunidade de conquistar sua boa vontade em relação a nós. Contudo, se procurarmos retribuir o mal com o bem, seremos sempre vitoriosos.

> "A grandeza não consiste em receber honras,
> mas em merecê-las".
>
> (ARISTÓTELES)

Distúrbios psicológicos tendem a alterar a personalidade das pessoas, fazendo com que sintam raiva das que são tranquilas e felizes, e critiquem ou caluniem até mesmo as que as tratam com bondade. Devemos dedicar toda a nossa compaixão e compreensão a essas pessoas, para que possam apaziguar a mente e obter a cura para os males que as atormentam. E isso nada mais é do que a prática do tão conhecido ensinamento do Mestre Jesus: *"Amai-vos uns aos outros"*.

Entretanto, não devemos permitir que ninguém se aproveite de nossos sentimentos positivos e nos chantagie emocionalmente. Precisamos ter bondade, mas, ao mesmo tempo, devemos ser firmes na defesa de nossos interesses. Não podemos confundir boa vontade com ceder incondicionalmente. Temos a obrigação de permanecer fiéis aos nossos ideais, no sentido mais amplo da expressão, para um lado e para o outro.

COMO É IMPORTANTE PERDOAR!

No convívio social, sempre existirão pontos divergentes que, de maneira equivocada, podem se transformar em motivo para ferir alguém. Quando isso acontece, sentimentos negativos nascem na pessoa ferida. Como suprimir tais sentimentos que tanto mal proporcionam? Pelo perdão.

Quando se pensa em perdão, a primeira preocupação é a de nos perdoarmos por nossos próprios erros. O ressentimento, o ódio e o remorso são a causa de um sem-número de doenças, e a mente subconsciente é dramaticamente atingida por tais sentimentos. Aqui também se aplica o perdão.

Perdoar não é passar a ser amigo de quem nos magoou. Perdoar é, antes de tudo, superar aqueles sentimentos gerados em nós pela ação negativa de alguém. E, além disso, perdoar aos outros é condição *sine qua non* para que também sejamos perdoados.

Para perdoar alguém, podemos nos valer do procedimento básico que já foi descrito em capítulos anteriores, acrescentando-se a mensagem: "Eu perdoo, de livre e espontânea vontade (nome da pessoa), pela ofensa que me fez; (nome da pessoa) e eu estamos em paz e em perfeita harmonia. A grandeza de espírito nos faz transbordar de alegria".

OS HÁBITOS

Na busca da felicidade, tropeçamos em dificuldades maiores ou menores. Temos analisado, em conjunto, um sem-número desses percalços, porém não podemos nos esquecer de abordar os hábitos que temos e que se apresentam com frequência em nossa vida, tanto para o bem como para o mal.

Um hábito é consequência de profundas gravações existentes na mente subconsciente, e a ação decorrente dele é automática. E, uma vez que o hábito é consequência de pensamentos prejudiciais, podemos considerá-lo um vício.

Para nos libertarmos de um hábito negativo, devemos proceder da mesma forma como ele foi gravado na mente subconsciente, pois, se o gravamos, também poderemos eliminá-lo. A técnica para isso é a da comunicação repetitiva entre mentes consciente e subconsciente, da qual já foi falado e explicado em detalhes em capítulos anteriores. A mensagem a ser enviada para a mente subconsciente, neste caso, pode ser a seguinte:

"Estou livre do hábito (identificar o hábito). Encontro-me em perfeita harmonia e paz de espírito, e sou grato por isso."

Da mesma forma, quem tem o hábito de pensar negativamente sobre a própria vida, quem se habituou a pensar que é perseguido pelo azar, pode estar certo de que os efeitos adversos que tem enfrentado se originam em sua mente subconsciente. A superação disso só pode acontecer mediante o trabalho de comunicação entre as mentes consciente e subconsciente, realizado repetidamente e com pensamentos positivos, relativos a esse assunto especificamente.

"A pessoa mais feliz é aquela que contribui para a humanidade usando, para isso, o que de mais nobre existe nela mesma".

CAPÍTULO 12

UMA JORNADA
ALÉM DO TEMPO

HOJE: O MUNDO REAL EM QUE VIVEMOS

O mundo em que vivemos tem nos dado claros sinais de que, neste momento, está convergindo para um ápice que, de tão agudo, torna seu equilíbrio instável. Isso, por sua vez, sinaliza mudanças ponderáveis, que deverão se estender a todos os segmentos que compõem as sociedades contemporâneas, adicionando-lhes um expressivo componente de fundo mental e espiritual. Estamos realmente bem próximos de uma profunda transformação de princípios e atitudes, de regulamentos e leis, enfim, de um ponto em que o "***desvendar da consciência***" constituirá um fator extremamente necessário, até mesmo para a continuidade, a médio e longo prazos, da vida humana sobre a Terra.

Nossos dias têm nos proporcionado tristes e frequentes episódios de barbárie, de desintegração de valores e princípios, e de ruptura social. Um rápido retrato deste momento que estamos vivendo inclui:

- cenas como do assassinato de toda uma família real, cometido pelo próprio príncipe sucessor do trono, pela simples razão de ter tido a escolha de sua futura esposa reprovada;

- ataques terroristas usando, como instrumento da violência, aviões repletos de passageiros inocentes, levando à morte indivíduos que não tinham qualquer envolvimento com os possíveis conflitos que os geraram, pois sequer sabiam de que se tratava;

- guerras constantes entre povos diversos e em várias regiões do mundo, apesar de todas as carnificinas que já ocorreram no passado de nossa história e dos catastróficos efeitos que delas decorreram;

- repetidas cenas de assassinatos coletivos em lugares públicos e sem que as vítimas sequer conhecessem os assassinos – assassinatos cometidos por distorções mentais, pelo simples prazer de matar;

- milhões de crianças que morrem anualmente em todo o mundo por causas evitáveis, e centenas de milhões de pessoas que sobrevivem em condições totalmente inaceitáveis para um planeta que já atingiu o grau tecnológico e científico no qual nos encontramos;

- incontáveis casos de mau uso dos recursos públicos, por incompetência ou corrupção, em detrimento das necessidades, sobretudo, dos menos favorecidos;

- doenças como a AIDS, o Ébola e outras, provocadas inclusive pelo estresse generalizado, que ceifam cada vez mais vidas humanas;

- atentados individuais e coletivos, muitas vezes cometidos com um sadismo inigualável, utilizando dispositivos de alto poder de destruição;

- milhões de crimes hediondos cometidos com uma frieza somente encontrada em alguns animais irracionais;

- injustiças gravíssimas em que, de maneira inconsequente e para se tornarem mais poderosos, grupos ou países de melhores condições econômicas e sociais extorquem os parcos recursos de regiões que ainda vivem na mais profunda miséria;

- destruições em escala planetária impetradas contra a fauna, a flora e o meio ambiente de modo geral...

De tudo isso, o que se pode depreender é que uma grande quantidade dos homens se afastou dos verdadeiros valores da vida e tem se conduzido a partir de outros, de forma bem deplorável. Dentre os novos princípios que têm regido a vida desses homens, os citados a seguir talvez sejam os mais prejudiciais à humanidade:

- ✓ redução da vida a aspectos puramente materiais que fazem com que os homens, encharcados de uma ganância sem limites, passem a endeusar o dinheiro e o lucro, e os coloquem muito acima de qualquer outra coisa;

- ✓ a luta indiscriminada pelo aumento da produção econômica a qualquer custo e independentemente dos alarmantes efeitos colaterais;

- ✓ a crença em que somente os avanços tecnológicos e científicos podem melhorar a vida dos povos;

- ✓ o abandono quase absoluto do desenvolvimento mental e espiritual.

Apesar de todos os avanços da humanidade, e mesmo tendo se passado milhões de anos desde que o primeiro humanoide surgiu no planeta, a luta pela vida continua sendo uma lamentável guerra, onde o ser humano se encontra completamente descaracterizado de sua realidade.

Entretanto, do ponto de vista prático e simplista, o grande e mais importante esforço do homem não é aquele voltado contra a miséria, a fome, os conflitos, a violência, a inflação, a poluição ou a corrupção. Mesmo reconhecendo o transtorno e o sofrimento provocados por esses males, e por isso mesmo não os minimizando, à luz do "desvendar da consciência" podemos ver que o simples esforço para combatê-los não os solucionará. Apenas superaremos problemas dessa natureza quando tivermos superado o egoísmo e o egocentrismo existentes em cada um de nós.

O "DESVENDAR DA CONSCIÊNCIA"...
COMO SEREMOS AMANHÃ

Devemos ter a noção real da importância que existe em **"desvendar a consciência"** para:

- a real necessidade da superação do ego, na busca de uma humanidade una, como um superorganismo, que de fato é;
- as transformações regionais e mundiais, de fato, necessárias tanto na economia como nas estruturas sociais e legais;
- o poder infinito da mente e para a vital importância de utilizá-lo amplamente;
- o fato de que somente alcançaremos a plena felicidade quando estivermos atuando como partes saudáveis de nosso superorganismo;
- a necessidade de iniciar o processo de transformação hoje, agora, mesmo que isso seja feito apenas por uns poucos e, no princípio, nos sintamos sós.

Lembremo-nos das palavras de John Lennon e declaremos, com coragem, aos que ainda não estiverem participando:

> "Você pode dizer que sou um sonhador, mas não sou o único. Espero que, um dia, você se junte a nós. E o mundo então será como se fosse um só."

A felicidade plena a que estamos nos referindo sòmente será alcançada quando muitos trabalharem em seu favor. E precisamos nos unir para alcançá-la...

Nosso exemplo então poderá ser seguido por outros e, em um futuro breve, poderemos estar desfrutando de um mundo inteiramente diferente:

➢ um mundo sem conflitos, onde a paz e a harmonia estejam presentes em cada coração;

➢ um mundo em que o bem-estar geral não seja apenas privilégio de uns poucos;

➢ um mundo em que o desenvolvimento da mente seja comum a todos os componentes do superorganismo;

➢ um mundo de fé e amor, com plena e total felicidade para todos.

Quando o trabalho dos muitos que se unirem na cruzada pela felicidade começar a dar frutos, passaremos a viver em uma sociedade de ampla e total sinergia. Nesse momento, o *"eu"* terá sido substituído pelo *"nós"* e, vitoriosamente, deixaremos para trás a avaliação que Martin Luther King fez de seu mundo:

"Nós aprendemos a voar como os pássaros,
a nadar como os peixes,
mas não aprendemos a conviver como irmãos."

Estaremos então vivendo em uma sociedade que terá passado por profundas mudanças nos campos econômico, político e social, que terá equilibrado séculos de progresso material com o desenvolvimento mental e espiritual, e que terá evoluído para a real concretização do superorganismo integrado.

Estaremos então conscientes de que o ser humano é, de fato, um campo de energia e de luz, interagindo com todos os outros seres vivos e com todas as outras coisas existentes no Universo.

Estaremos, finalmente, aptos a uma plena integração com o Sistema Solar, para, em seguida, nos habilitarmos a uma integração efetiva com o Universo, onde existem milhares e milhares de planetas como o nosso, habitados por seres racionais, civilizados e mentalmente evoluídos.

Será que o Universo, em sua totalidade, também é um superorganismo? Haverá no Universo a reprodução das mesmas características que temos na Terra? Evidentemente, quando tivermos respostas para essas questões, já teremos em nosso planeta um mundo ideal, harmonioso e de paz.

"Uma alma que se eleva, eleva um pouco mais o mundo."

(ELISABETH LESEUR)

Leitura Recomendada

Mesa Reikiana
Uma Fonte Inesgotável de Energia Vital

Inês Telma Citelli

Essa obra tem o propósito de trazer informações sobre a técnica Reiki e a Mesa Reikiana. Mostra a grande possibilidade de atingir beneficamente um número ilimitado de pessoas que precisam e querem viver mais plenamente suas vidas. Ela proporciona a transmissão da energia Reiki vinte e quatro horas por dia, sete dias por semana, sem interrupção, enquanto a pessoa estiver em terapia.

A Cura pela Energia das Mãos
Um Guia Definitivo das Técnicas de Energização com as Mãos de uma Mestra

Starr Fuentes

Desde a Antiguidade, é sabido que o homem é dotado de diversos poderes, que são manifestações dos atributos de Deus e de suas divindades. Um desses poderes é o de curar a si e aos semelhantes por meio da imposição das mãos, com as quais irradia energias benéficas que promovem resultados incríveis, desde o alívio de uma simples dor de cabeça até a obtenção do equilíbrio emocional das pessoas.

www.madras.com.br

Leitura Recomendada

Cura Pela Energia
Princípios Básicos dos Cuidados Pessoais

Ann Marie Chiasson

Onde começa o verdadeiro bem-estar? Por milhares de anos, terapeutas tradicionais têm sido capazes de detectar e corrigir os desequilíbrios no plano energético para curar nossas doenças. Atualmente, essas tradições estão expandindo o conhecimento médico sobre nossa anatomia sutil e seu papel em nosso bem-estar geral.

Meditações com a Lei da Atração
Uma Fonte Inesgotável de Energia Vital

Sonia Regina Gomes

Esse é um livro de fácil leitura e original em sua composição, destinado a pessoas que buscam o desenvolvimento pessoal e espiritual. Em cada um dos temas propostos para o desenvolvimento das meditações, a autora elaborou um conteúdo introdutório com frases motivacionais de pensadores famosos.

A proposta é fazermos a conexão com as três forças supremas para que nosso pedido ao universo dimensional seja concretizado, seja ele relacionado a sonhos, ambições ou para transpor dificuldades pessoais inerentes a todos os seres humanos. Agora, conheceremos como essas forças universais se colocam ao nosso dispor e estarão atuando em nosso corpo espiritual.

www.madras.com.br

Leitura Recomendada

Só Somos Consciência Quântica
Princípios Básicos dos Cuidados Pessoais

Angela Wilgess

O ser humano busca constantemente se conhecer e saber algo mais sobre si. Muitos séculos se passaram e pouco se sabe de onde os pensamentos surgem e onde são processados. A física quântica começou a ser entendida em 1900 e, a partir daí, cientistas passaram a associar a mente do ser humano a essa teoria. Pesquisadores sugerem modelos que, aos poucos, vêm desvendando os mistérios da mente e suas interações. A saúde mental e física é importante para o desenvolvimento do homem e, para que ele tenha melhor qualidade de vida, é necessário a compreensão sobre si mesmo e do Universo. Conhecer-se e explorar tudo o que há em sua volta é um progresso que está aliado à ciência, vem abrindo espaço para entender a consciência.

Inspirações para a Nova Era

Olyvia Libório

O planeta Terra e tudo o que vive nele estão passando por um memorável momento. É o tempo de agirmos revestidos da Divina Presença, de modo a elevar ilimitadamente a vibração de tudo o que existe. Aceitação, compaixão, coragem, fé e alegria são algumas das fibras que constituem a armadura do guerreiro da luz.

Forjados com grande lucidez, inúmeros espíritos aguerridos por todas as partes do mundo expandem conhecimentos, curas, métodos e artes, sempre movidos por idêntico ideal: despertar a essência divina em cada ser e, assim, iluminar a Terra. Mas, afinal, qual o melhor caminho para esse belo despertar? Como então viver a paz e o divino amor quando o cotidiano reflete um mundo desigual e imperfeito? Essas e outras perguntas são abordadas aqui.

www.madras.com.br

MADRAS® Editora — CADASTRO/MALA DIRETA

Envie este cadastro preenchido e passará a receber informações dos nossos lançamentos, nas áreas que determinar.

Nome _____
RG _____ CPF _____
Endereço Residencial _____
Bairro _____ Cidade _____ Estado ____
CEP _____ Fone _____
E-mail _____
Sexo ❑ Fem. ❑ Masc.   Nascimento _____
Profissão _____ Escolaridade (Nível/Curso) _____

Você compra livros:
❑ livrarias   ❑ feiras   ❑ telefone   ❑ Sedex livro (reembolso postal mais rápido)
❑ outros: _____

Quais os tipos de literatura que você lê:
❑ Jurídicos   ❑ Pedagogia   ❑ Business   ❑ Romances/espíritas
❑ Esoterismo ❑ Psicologia ❑ Saúde   ❑ Espíritas/doutrinas
❑ Bruxaria   ❑ Autoajuda   ❑ Maçonaria   ❑ Outros:

Qual a sua opinião a respeito desta obra? _____
_____

Indique amigos que gostariam de receber MALA DIRETA:
Nome _____
Endereço Residencial _____
Bairro _____ Cidade _____ CEP _____

Nome do livro adquirido: O Desvendar da Consciência

Para receber catálogos, lista de preços e outras informações, escreva para:

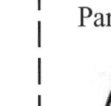

MADRAS EDITORA LTDA.
Rua Paulo Gonçalves, 88 – Santana – 02403-020 – São Paulo/SP
Caixa Postal 12183 – CEP 02013-970 – SP
Tel.: (11) 2281-5555 – Fax.:(11) 2959-3090
www.madras.com.br

MADRAS Editora

Para mais informações sobre a Madras Editora,
sua história no mercado editorial
e seu catálogo de títulos publicados:

Entre e cadastre-se no site:

www.madras.com.br

Para mensagens, parcerias, sugestões e dúvidas, mande-nos um e-mail:

marketing@madras.com.br

SAIBA MAIS

Saiba mais sobre nossos lançamentos,
autores e eventos seguindo-nos no facebook e twitter:

@madrased

/madraseditora